Annabel Dillig
Diesen Partner in den Warenkorb legen

Annabel Dillig

Diesen Partner in den Warenkorb legen

Das neue Liebesverständnis einer vernünftigen Generation

blanvalet

Verlagsgruppe Random House FSC-DEU-0100
Das FSC®-zertifizierte Papier *Super Snowbright*
für dieses Buch liefert Hellefoss AS, Hokksund, Norwegen.

1. Auflage
© der deutschsprachigen Ausgabe 2012
by Blanvalet Verlag, München,
in der Verlagsgruppe Random House GmbH
Satz: Uhl + Massopust, Aalen
Druck und Einband: GGP Media GmbH, Pößneck
Printed in Germany
ISBN 978-3-7645-0437-3

www.blanvalet-verlag.de

Inhalt

Einleitung: Same game, new rules

Die Liebe gibt's jetzt auch mit TÜV-Siegel. Jährlich überwacht der TÜV Süd, ob die Partnervermittlung ElitePartner in der Lage ist,»die versprochenen Leistungen tatsächlich zu erfüllen«. Ein anderer Anbieter, Parship, verweist auf sein Stiftung-Warentest-Urteil»gut«. Und die Flirtseite Neu.de lockte vor einiger Zeit mit einer Geld-zurück-Garantie, wenn sich bei einem Mitglied auch nach einem halben Jahr kein Herzklopfen einstellen wollte.

Ein warmer Mantel aus Qualitätssicherung und Kundenservice umgibt den sehnsuchtsvollen Single von heute. Es ist offensichtlich: Die Konsumlogik mit all ihren bizarren Begleiterscheinungen hat auch die letzte Bastion erobert, die Herzregion. Beziehungsglück ist ein Produkt geworden, das man bewerben und verkaufen, bewerten und einfordern kann.

Und doch beschreibt dieses Buch keinen Niedergang des Romantischen, keinen Abgesang auf die Gefühlswelt. Trotz TÜV-Siegel, Stiftung Warentest und Geld-zurück-Garantie – es sind gute Zeiten für die Liebe.

Denn die Paarbeziehung ist mehr als jemals zuvor das Nonplusultra in unserer Gesellschaft. Sie ist das,»was im Leben wirklich zählt«, die Grundlage der Klein- und Patchworkfamilie, der unbestrittene Weg zum Glück. Die Liebesbeziehung ist der Kokon, in den wir uns vor den Ungerechtigkeiten und Anstrengungen der Welt flüchten, der uns zu etwas Schönerem werden lässt,»weil nur die Liebe schafft, dass wir uns unendlich fühlen«, wie der Philosoph Wilhelm Schmid sagt.

Noch nie waren die Glücksversprechen, die von Liebesbeziehungen ausgehen, so groß wie heute. Das sieht man schon an der Skepsis, die Singles entgegengebracht wird. Allenfalls als Übergangsphase von der einen in die andere Beziehung ist das Alleinsein akzeptiert, aber nicht als freiwilliger Lebensentwurf auf Dauer. Oder fällt einem auch nur ein Prominenter ein, der bekennender Junggeselle ist? Oder ein Kinofilm, in dem die Hauptfigur am Ende noch immer Single ist? Nein, das Ziel für die meisten um die dreißig ist der Hafen der Ehe oder, weniger endgültig, die Paarbeziehung auf Zeit.

Die Fiktion im Kino spiegelt eine gesellschaftliche Realität wider: Die meisten hangeln sich heute von Partner zu Partner. Natürlich muss niemand mehr hinnehmen, in einer Beziehung dauerhaft unglücklich zu sein, sich zu trennen ist immer eine Option. Anders als ihre Großeltern und Eltern können die heute Dreißig- bis Vierzigjährigen selbst entscheiden, mit wem sie zusammen sein möchten über die Grenzen von Milieus, Bildungsniveaus, Städten und Ländern, Alter und Geschlecht hinweg. Das ist die gute Nachricht. Die schlechte lautet: In einer Multioptionsgesellschaft wie der unseren, wo an jeder Ecke noch eine bessere Version unseres Lebens warten könnte, hat sich auch die Frequenz erhöht, mit der Bindungen eingegangen und gelöst werden. »Die Liebe währt drei Jahre« heißt ein Roman von Frédéric Beigbeder – ein sehr treffender Satz, schaut man sich moderne Liebesbiografien an. Die Dreißigjährigen von heute haben schon doppelt so viele Beziehungen geführt, wie es in der Generation ihrer Eltern bis zu diesem Alter üblich war – und die Dauer ihrer Beziehungen wird kürzer. Wir probieren und irren. Trial and Error.

Was ist der Grund für dieses Flickwerk an Beziehungen? Liegt die Ursache für das Irren, wie Richard David Precht schreibt, tatsächlich in unseren überzogenen Erwartungen? Im »Wunsch, unseren wahren Kern in die Schokolade der

Romantik zu tauchen«? Immer auf's Neue? Oder wollen wir uns einfach nicht festlegen? Ist unser Abwechslungsbedürfnis, unser *variety drive,* wie es die israelische Soziologin Eva Illouz nennt, zu hoch?

Montagmorgen, 8 Uhr 30, eine Bushaltestelle in Köln. Zwanzig müde Menschen auf dem Weg zur Arbeit. Manche halten eine Zeitung in der Hand, andere tippen etwas in ihr Handy, viele haben die Worte noch im Kopf, die ihnen ihr Partner beim Zuziehen der Wohnungstür hinterhergerufen hat. Jeder Vierte ging ohne »bis heute Abend« aus dem Haus – weil da keiner ist, der etwas gesagt hat. Von zwanzig Kölnern zwischen 18 und 59 Jahren sind statistisch fünf Singles – in Berlin und München sind es noch mehr, in anderen Großstädten etwa gleich viele.[1]

Während sich die Wartenden an ihren To-go-Kaffees festhalten, strahlt sie von einem Plakat ein Liebespaar an – die Werbung einer Partnerbörse. »Wir hatten den Glauben an die Liebe schon fast verloren« steht da. Die zwei auf dem Poster laufen über vor Glück, im trüben Grau des Kölner Alltags fast eine Provokation.

Aber das empfinden nur die Singles so, nur ihnen flüstert das Plakat zu: »Wir wissen, du arbeitest viel und hast keine Zeit, einen Partner zu suchen. Aber da draußen gibt es eine Person, die ist auch zu müde, um nach der Arbeit auszugehen, die mag Meeresfrüchte, Tom Waits und Bergsteigen – genau wie du. Diese Person finden wir für dich.« Der Slogan der Partnerbörse FriendScout wird in die Geschichte der Werbung eingehen als das größte und süßeste Versprechen, das je ausgesprochen wurde: *Wir verlieben dich.* Das schönste Gefühl der Welt nur einen Mausklick entfernt – wer wäre nicht bereit, mehr als hundert Euro im Quartal dafür auszugeben!

---

[1] Gemeint sind tatsächliche Singles, nicht Ein-Personen-Haushalte.

Was macht ein Single im Jahr 2012, wenn er keiner mehr sein will? Vertraut er nach alter Väter Sitte darauf, dass ihn die Liebe schon finden wird – im Supermarkt, beim Ausgehen mit Freunden, an der Kinokasse? Oder versucht er, angestachelt von den Machbarkeitsversprechen der Single-Industrie, den Zufall auszutricksen: Geht an Orte, wo er besonders viele Singles vermutet. Meldet sich bei Veranstaltungen für Alleinstehende an. Registriert sich im Internet, kurz: nimmt sein Schicksal selbst in die Hand?

In diesem Buch zeige ich, welche Folgen es hat, dass sich immer mehr Menschen für die zweite Variante entscheiden. Schon jetzt vertraut sich etwa jeder zweite der rund elf Millionen Singles in Deutschland einer Dienstleistungsindustrie an, die den vermeintlichen Makel des Single-Seins im Handumdrehen zu beheben verspricht. »Einfach verlieben«, »Liebe ist kein Zufall«, »So verliebt man sich heute« – die Slogans der Partnerbörsen haben einen neuen Run auf das Produkt »Paarbeziehung« ausgelöst. Sie machen klar: Im digitalen Zeitalter ist Liebesglück zu einem Projekt geworden, das man gezielt angehen kann – und muss. Wer gegen sein Single-Dasein nichts unternimmt, ist selbst schuld. Der Geist der Machbarkeit hat die Partnersuche erfasst: So wie man sich bei der Jobsuche von einem Coach oder Headhunter unter die Arme greifen lässt; so wie manche fünf Kilo abnehmen wollen und sich gleichzeitig im Fitnessstudio, bei WeightWatchers® und beim Ernährungsberater anmelden, so wollen inzwischen Millionen von Menschen einen Partner finden: systematisch, effizient, so professionell wie möglich. Dieser Pragmatismus hat die Liebe verändert.

Das fängt schon mit dem Verkaufsdruck auf den Einzelnen an: Onlinebörsen folgen streng ökonomischen Gesetzen. Wie bei eBay zählt bei der Online-Partnersuche vor allem die Präsentation des Angebots, sprich: der eigenen Person. Partnerbörsenneulinge verbringen Tage und Nächte damit, ihr Profil zu erstellen, Selbstbeschreibungen zu formulieren, charmante Wortwitze einzubauen. Sie denken darüber nach, welchen Eindruck die Angabe ihres Lieblingsfilms auf andere macht und ob sich die Investition in ein professionelles Profilbild nicht doch gelohnt hätte. Der Marktplatz Internet konfrontiert den Suchenden unweigerlich mit seinem Markt*wert*, er wirft Fragen auf wie: Bin ich schön? Wie wirke ich auf andere? Liegt es an mir, dass ich keinen Partner habe?

»Das mit der Maus ausgestattete Individuum denkt, es hätte seine sozialen Beziehungen (…) bestens unter Kontrolle. Es weiß nicht, dass es den Finger in ein Räderwerk gesteckt hat, aus dem es nicht ohne Blessuren herauskommen wird«, schreibt der französische Soziologe Jean-Claude Kaufmann. Wie recht er hat. Stärker als jemals zuvor ist der eigene Beziehungsstatus (abgefragt beispielsweise von Facebook) etwas, für das man haftbar gemacht wird, etwas, worum man sich zu kümmern hat. Wer übrig bleibt im Paarproduktionsprozess hat ein Problem. Mit dem »stimmt etwas nicht«.

Der Wind in der Welt der Liebe ist rauer geworden. Die Plakate an den Bushaltestellen flüstern nicht nur »Wir verlieben dich«, sondern auch: »Wir schlagen dir perfekte Kandidaten vor, aber wenn du unter diesen Top-Leuten niemanden findest, dann können wir dir auch nicht helfen, du Freak!«

Vielleicht gibt es auch deshalb noch genügend Alleinstehende, denen das alles nicht geheuer ist und die eine Aversion gegen die »virtuelle Fleischauslage« hegen, wie es ein Single in einem meiner Interviews ausgedrückt hat. Viele fremdeln mit dem Gedanken, den Zufall mit einem Algorithmus zu bezwingen, und glauben, die Liebe folge einem höheren Plan, in den man nicht eingreifen dürfe. Warum bleibt Schicksalhaftigkeit – so diffus dieser Begriff sein mag – für viele das konstituierende Moment der Liebe? Auch dieser Frage möchte ich nachgehen.

Doch egal, ob man einem Algorithmus vertraut oder diesem unberechenbaren Kerlchen Amor: Das Denken über die Liebe hat sich grundsätzlich verändert. »Was kannst du mir bieten?« – Diese Frage steht heute immer im Raum, wenn die Super-Individualisten zwischen dreißig und vierzig nach einem Partner suchen. Von den Haar- bis in die Fußspitzen sind sie davon überzeugt, dass für sie nur das Allerbeste in Frage kommt. Kein Ramsch, kein Restposten. Es gilt, sich nach dem Premiumangebot zu strecken.

Die Shoppinganmutung der Single-Börsen mit ihren Profilfotos und Steckbriefen passt gut zu einer Generation, die extrem versiert darin ist, andere Menschen (küchen-)psychologisch abzuchecken. Man weiß genau, wer zu einem passt, wer die eigenen Anforderungen am besten erfüllt, man hat seine geistige Einkaufsliste immer parat. Die Suche nach der Liebe ist zum Produktvergleich geworden.

Vor allem die Digital Natives, also diejenigen, die mit dem Internet aufgewachsen sind, gehen kaum noch zu einer Verabredung, ohne vorab eine kleine Online-Recherche durchgeführt zu haben. Auch das: ganz schön rational, im Vorfeld wissen zu wollen, was einen erwartet. Dass der Mensch, der einem bald gegenübersitzen wird, seine Diplomarbeit über »Briefmarkensammeln. Ein Hobby aus verhaltenspsychologischer Sicht« geschrieben hat (Institutshomepage). Noch bei seiner Mutter wohnt (Telefonbuch.de). Oder vor zwei Jahren mindestens zehn Kilo weniger wog (danke, Facebook!). Ist das ein Ausschlusskriterium?

Charakteristisch für das neue Liebesverständnis ist auch, dass sich die heute Dreißig- bis Vierzigjährigen je nach Lebensphase ihre Beziehungsform zurechtbasteln. Wer sagt denn, dass es nur die Aggregatzustände Single und feste Beziehung gibt? »Es ist kompliziert« – die Beziehungsstatus-Angabe bei Facebook, für die sich Tausende junge Deutsche entschieden haben, spiegelt die Uneindeutigkeit einer Generation wider, die sich nicht festlegen will. Um die dreißig herum regiert der unverbindliche Spaß, und lose Beziehungen haben Hochkonjunktur. Solange das eigene Wohl und Vorankommen Vorrang haben, legt man seinen emotionalen Investitionen ein Sparziel auf – nicht, dass eine feste Beziehung einem Opfer abverlangt. Wenn diese Phase für beendet erklärt wird, muss es oft ganz schnell gehen: Das ist dann die Zeit, in der man plötzlich den Handreichungen der Verkupplungsindustrie vertraut.

Millionen von Paaren auf der ganzen Welt sind der Beweis für die Funktionstüchtigkeit der Liebesmaschine »Internet«. Die Partnerbörsen werben mit Hunderten Erfolgsgeschichten, so gut wie jeder hat heute jemanden im Freundes- oder Bekanntenkreis, der seinen Partner im Internet gefunden hat. Und mit jedem neuen Paar, das seinen Freunden von seiner Erfolgsgeschichte erzählt, steigt die Akzeptanz weiter.

So schön die Liebesgeschichten der online zusammengekommenen Paare sind (so schön wie alle Liebesgeschichten!) – manchmal würde ich gern wissen, wie es nach dem Happy End weitergeht. Wenn die Suche per Partnerbörsenfilter nur vermeintlich perfekt passende Paare hervorbringt, muss die so entstandene Beziehung doch unter besonders hohen Erwartungen stehen, schließlich ist die absolute Übereinstimmung mathematisch abgesichert. Gehen solche Paare anders mit Meinungsverschiedenheiten um als Paare, die sich ihrer Verschiedenheit von Anfang an bewusst sind? Wenn es möglich ist, sich jederzeit im Internet nach Alternativen umzusehen, lohnt es sich dann, um eine Beziehung zu kämpfen?

Auch was Beziehungsprobleme angeht, hat sich das Liebesverständnis verändert: Bei den meisten Paaren von heute herrschen selbst im Streit Besonnenheit und Vernunft vor. Wer Teller schmeißt und sich die Augen aus dem Kopf weint, ist ein Fall für RTL 2.

Konflikte muss man durch Zuhören und Reden in den Griff kriegen (Ich-Botschaften!), und wer das nicht schafft, lässt sich von einem Profi helfen. In der Mittelschicht ist die Akzeptanz von Paartherapie in den vergangenen Jahren massiv gestiegen. Bücher von Paartherapeuten wie Arnold Retzer landen in den Bestsellerlisten. Der bekannteste Vertreter der Zunft, Werner Schmidbauer, hat eine Kolumne im ZEITmagazin. Paartherapeuten werden für ihre Liebes- und Lebensklugheit geschätzt, sie sind die Kronzeugen des Zwischenmenschlichen, Hüter des Geheimnisses glücklicher Ehen. Auch die Popularität der Liebesdoktoren zeigt, wie sehr wir dem Glauben anhaften, privates Glück sei etwas, das man herstellen könne.

Same game, new rules – damit hat Meetic, die größte Partnerbörse Europas, eine Zeit lang geworben; ein unglaublich treffender Slogan. Das Spiel vom Suchen und Finden der Liebe hat sich von Grund auf verändert. Es wird heute konsequenter, effizienter und rationaler betrieben als jemals zuvor.

Für dieses Buch habe ich mich auf die Reise durch die neue Welt der Liebe begeben. Ich habe untersucht, wo die Grenzen verlaufen zwischen den Suchstrategen und den Schicksalsgläubigen. Zwischen den Vertretern einer gigantischen Single-Industrie und ihren sehnsuchtsvollen Kunden. Zwischen alter Romantik und neuem Pragmatismus.

Ich habe sechzehn Menschen getroffen, die Online-Dating betreiben oder betrieben haben, darunter fünf Paare, die sich im Internet gefunden haben. Ich habe Menschen getroffen wie die 37-jährige Clara, die ihrer großen Liebe per Zufall auf einer Party begegnete, um dann festzustellen, dass es sich um exakt den Mann handelt, der im Trubel der Partnerbörse nie etwas von ihr wissen wollte. Ich habe Menschen getroffen wie Till aus der Oberpfalz, einen 35-jährigen Single, der auf dem Land lebt und sich weigert, seine Freizeit mit Partnersuche zu verbringen. Menschen wie Barbara, deren kompletter Freundeskreis inzwischen verheiratet ist, die aber ein großes Unbehagen verspürt, dem Liebeszufall auf die Sprünge zu helfen. Menschen wie Friederike, die ihren künftigen Partner so genau beschreiben kann, dass man meint, sie habe ihn bereits gefunden. Ich habe mit Frank aus Berlin gesprochen, der keine Probleme hatte, Partnerinnen zu finden, aber unzufrieden war, dass seine Beziehungen nie von Dauer waren; der dachte, das muss professioneller gehen mit der Partnersuche, und sich bei Parship angemeldet hat. Wenn dieses Buch erscheint, hat er gerade geheiratet. Herzlichen Glückwunsch! Weil meine Interviewpartner in diesem Buch viel Privates preisgeben, habe ich mich entschlossen, alle Namen zu verändern. Und obwohl es eine Selbstverständlichkeit ist, möchte ich an dieser Stelle betonen: Alle Menschen, mit denen ich über ihr Liebesverständnis gesprochen habe und die hier im Buch auftauchen, sind echt. Ich habe sie in Cafés, Restaurants oder bei sich zu Hause getroffen – in Frankfurt, Berlin, München und in der oberpfälzischen Provinz.

Um zu verstehen, was Liebe und Partnersuche im Jahr 2012 bedeuten, habe ich auch mit Menschen gesprochen, die mit der Sehnsucht ihr Geld verdienen: mit Speeddating-Betreibern und professionellen Verkupplern, mit Paartherapeuten und Biochemikern, die glauben, dass Zusammenpassen eine Frage genetischer Kompatibilität ist.

Ein Jahr lang habe ich recherchiert. Meine Suche nach der neuen Liebe hat mich auch in die USA geführt, wo Match und eHarmony, die größten Partnerbörsen der Welt, ihren Sitz haben; ich habe mir von den »Chef-Wissenschaftlern« dieser Unternehmen erklären lassen, wie man die Zufriedenheit von Paaren mathematisch berechnen kann. Ich habe Stanford-Professoren interviewt und einen Coach in New York, der reichen Geschäftsleuten anbietet, ihr Online-Dating-Profil für sie zu pflegen.

Ich habe ein Interview mit dem 81-jährigen Hugo Schmale geführt, einem der Gründer der Partnerbörse Parship. Er hat das Matching in Deutschland eingeführt, also das Verfahren,

Paare auf der Basis populärwissenschaftlicher Persönlichkeitstests zu bilden. Und ich habe viele Bücher von Eva Illouz gelesen. Die israelische Soziologin ist die größte Koryphäe auf dem Gebiet romantischer Beziehungen. So klug wie sie schreibt niemand über die moderne Liebe. Und doch stellte ich fest, dass ich als Journalistin an Grenzen stieß. In der Theorie hörte sich das so einfach an: ein Profil anlegen, Kandidaten durchklicken, Leute treffen. Aber was macht das mit einem? Ist die systematische Partnersuche wirklich ein Räderwerk, aus dem man nicht ohne Blessuren herauskommt?

Ich wollte fühlen, wie das ist, wenn man die eigene Haut zu Markte trägt – und entschied mich, zu Recherchezwecken all die Angebote selbst zu nutzen, die für Millionen Deutsche längst Teil ihres Liebeslebens geworden sind. Ich meldete mich bei drei verschiedenen Partnerbörsen an, überlegte stundenlang, welches Bild ich verwenden soll, holte mir Abfuhren ab – und manchmal verteilte ich auch welche. Ich ging zu einem Single-Coaching und traf mich mit einem Fremdsprachen-Tandem, bei dem es überraschend schnell um etwas anderes gehen sollte als darum – Entschuldigung, aber es war so –, Französisch zu lernen. Ich nahm an Speeddatings teil und an einem Jumping Dinner. Ich hatte ein Dutzend Dates, aus denen nichts wurde. Und eines, bei dem es anders war.

»Machst du das jetzt für's Buch oder privat?«, fragten mich Freunde und Kollegen immer, wenn ich wieder von einer frustrierenden, aufregenden, lustigen oder extrem nervigen Verabredung erzählt habe. Ich konnte es nicht mehr sagen: Was aus journalistischem Interesse begonnen hatte, war in mein Innerstes vorgedrungen, hatte meine Auffassung von Liebe und Kennenlernen verändert. Es war – auch für mich – eine Operation am offenen Herzen.

Ich habe gemerkt, dass ich nicht glaubhaft und umfassend

über dieses Thema schreiben kann, ohne selbst die Finger ins Räderwerk zu stecken. Und so werde ich zwischen meinen Beobachtungen als Journalistin auch ganz persönlich aus der neuen Welt der Liebe erzählen, von den neuen Regeln im uralten Spiel.

1

Zwischen Einsamkeit und Pragmatismus – Wie Singles mit der Liebe rechnen

Es müsste ein Wort geben für die schleichende Verschiebung, die ein Freundeskreis zwischen dreißig und vierzig erfährt; diesen cliquen-tektonischen Prozess, der einsetzt, wenn die Ersten aus beruflichen Gründen wegziehen oder – noch häufiger – heiraten und Familien gründen. »Liebe treibt die Welt zu Paaren«, schreibt Erich Kästner in seinem Gedicht »Kleines Solo«, der wohl schönsten Beschreibung des traurigsten Gefühls der Welt: Einsamkeit.

Barbara Felgenhauers Freunde sind alle zu Paaren geworden, zu Eltern und Immobilienbesitzern. Barbara blieb übrig. Ausschussware im Paarproduktionsprozess. »Stehst am Fenster. Starrst auf Steine. Träumst von Liebe. Glaubst an keine.«

Ihren wöchentlichen Frauenstammtisch hatten sie und ihre Studienfreundinnen über die Jahre des Berufseinstiegs gepflegt, auch die ersten Hochzeiten hatte die Runde überstanden. Jeden Freitag ein neues Restaurant, eine Bar oder einen ungewöhnlichen Ort der Stadt entdecken – über Jahre war das ihr Ritual gewesen. Mit den ersten Kindern war dann Schluss. Timmi zahnt, Luca hat Keuchhusten, Mona ist gerade in einer schwierigen Phase. Immer öfter saß Barbara mit einer weiteren Freundin aus der früheren Sechserrunde alleine da – als Singles hatten die beiden natürlich weiterhin Zeit. So langsam verschob sich Barbaras Freundeskreis. Seit einer Weile fragt sie regelmäßig zwei Arbeitskolleginnen –

jünger als sie und ebenfalls Single –, ob sie nicht Lust hätten, sich freitags zu treffen.

Kennenlernen, zusammenziehen, verloben, heiraten, Kinderkriegen – für Barbara folgt das biografische Programm ihrer Freundinnen einem unerbittlichen Rhythmus: »Mit Anfang dreißig ging das in Abständen von zwei Jahren. Zwei Jahre nach dem Kennenlernen zog man zusammen, zwei Jahre später verlobte man sich und so weiter. Aber jetzt, mit Mitte dreißig, sind die Abstände kürzer, meine Bekannten verloben sich jetzt schon ein Jahr nach dem Kennenlernen.«

»Rushhour des Lebens« wird diese Zeit genannt. Barbara ist 37. Nichts treibt sie mehr um als die Angst, in dieser Rushhour den Anschluss zu verpassen. Dabei war sie nie der klassische Langzeitsingle, sie hatte immer wieder Beziehungen, doch seit fünf Jahren ist der Wurm drin. Sie fragt sich: »Handelt es sich um einen biografischen Zufall, oder habe ich mich zu dumm angestellt? Hätte ich es machen sollen wie so viele Frauen, die einfach den Deckel draufgemacht haben, bevor ihr Kerl es sich noch einmal anders überlegt? Jetzt sind alle guten Typen erst mal vom Markt.«

Vergangene Woche war sie bei einem befreundeten Paar zum Babygucken eingeladen, der dritte Antrittsbesuch in diesem Jahr. Wieder hat sie etwas aus gestreifter Baumwolle von »Petit Bateau« mitgebracht. Wieder stellte sie die Fragen nach dem Stillen, der Zeit im Krankenhaus, den ersten Nächten zu dritt. Sie beherrscht das Spiel aus dem Effeff.

In Sabines und Philipps Gegenwart hat sie sich eigentlich immer wohl gefühlt, die beiden sind ein angenehmes Paar, keines dieser Wir-Sager und Armeumeinanderleger, die einen verschwörerisch anschauen und so Zwinkerzwinker-Fragen stellen, was es denn Neues »von der Single-Front« gebe. Doch diesmal schmerzte sie selbst dieser Besuch. Bestimmt zwei Stunden lang habe sie versucht, mit ihrer Schulfreundin ein Gespräch zu führen. Vergeblich, dauernd plärrte das Baby.

»So ist das eben mit kleinen Kindern, ich versteh das ja, nur hätte ich Sabine wirklich gerne von dem Problem mit meinem Chef erzählt«, sagt Barbara.

Irgendwann sei Philipp von der Arbeit gekommen, habe das quäkende Bündel genommen und strahlend hochgehoben. Ein Moment vollkommenen Glücks, der Barbaras Inneres freilegte, als hätte jemand einen Reißverschluss geöffnet.

»Ich habe die Situationen kaum ausgehalten, mir wurde so klar, wie weit ich von diesem Leben entfernt bin und wie wenig Zeit mir noch bleibt, selbst eine Familie zu gründen.« Nachdem Philipp sie am Ende des Abends an der S-Bahn abgesetzt hatte, konnte sie sich nicht länger zusammenreißen: »Ich habe die ganze Rückfahrt geheult.«

Barbara fällt es schwer, darüber zu sprechen, warum es bei ihr in der Liebe nicht klappt. Sie hatte große Vorbehalte vor unserem Interview. Ich musste ihr versprechen, dass ich alles weglasse, was sie für andere erkennbar machen könnte – ihren echten Namen, ihre Jobbezeichnung, ihr Aussehen, ihren Wohnort. Diese Art journalistischer Kronzeugenregelung gibt es sonst nur bei Drogendealern und Geheimdienstquellen. Aber bei einem ganz normalen deutschen Single?

Es ist schon erstaunlich: Neben dem gesellschaftlichen Imperativ, eine möglichst lückenlose Erwerbsbiografie vorzuweisen, gibt es in unserer Gesellschaft offenbar auch die implizite Forderung nach einer klassischen Beziehungsbiografie. Dauerhaft Single zu sein, ist darin nicht vorgesehen. Mir fällt kein einziger Politiker, Konzernchef oder sonst wie prominenter Mensch ein, der bekennender Junggeselle ist. Schon das Wort »bekennen« in diesem Zusammenhang ist bezeichnend: Soziologen sprechen von einer »Begründungspflicht« für Singles. Niemand würde einen Familienvater fragen, warum er ein Kind bekommen hat. Ein Single muss erklären, warum er alleinstehend ist.

Dieser Druck, der »die Welt zu Paaren treibt«, hat Folgen:

Spätestens mit Mitte dreißig stellt sich nicht nur für die von der biologischen Uhr gestressten Frauen, sondern für alle Singles die Frage: Wie will ich leben? Kaum ein Alleinstehender in dieser Altersgruppe lebt einfach so in den Tag hinein: Die meisten haben wie Barbara, die von einer Familie träumt, eine genaue Vorstellung davon, wie sie sich in fünf, zehn, fünfzehn Jahren sehen; wie sie von anderen gesehen werden möchten. Und damit müssen sie auch die Frage für sich beantworten, wie ernsthaft sie den Lebensentwurf Partnerschaft verfolgen.

Wer heute mit Mitte dreißig Single ist, kommt kaum umhin, eine Einstellung gegenüber einer Industrie zu finden, die nur zu gern (und gegen ziemlich viel Geld) den vermeintlichen Mangel des Single-Seins beheben möchte. Liebesglück ist machbar, das ist die Kernbotschaft der Partnerbörsen und Flirtportale, die auf Plakatwänden, im Fernsehen und auf Nachrichtenseiten wie Spiegel.de oder ZEIT online werben. Viele Singles nehmen ihre Partnerlosigkeit erst in dem Moment als Problem wahr, wo unzählige Anbieter auf den Plan treten und suggerieren: Dir fehlt etwas im Leben.

Hinter den unzähligen Verkupplungsangeboten steht letztlich eine entscheidende Frage, die jeder für sich klären muss: Ist die Liebe etwas, das einem widerfährt, auf das man wartet, bis der berühmte Blitz einschlägt? Oder kann man die Wahrscheinlichkeit erhöhen? Kann man etwas für die Liebe *tun* – so wie man heute auch etwas für seine Karriere oder seinen Körper *tut*?

Schmetterlinge ohne Ende –
Warum wir uns heute bis ins hohe Alter verlieben

Es ist Donnerstag, ein warmer Sonnentag im Oktober. Das Ehemaligenwochenende an der Eliteuniversität Stanford steht bevor. Auf dem Campus im kalifornischen Palo Alto wimmelt es von Parkwächtern, die die Anreisenden einweisen, von herausgeputzten älteren Leuten und Studenten, die Getränke auf Tabletts balancieren.

Ich bin mit Michael J. Rosenfeld verabredet, einem Soziologieprofessor, der gerade an einer der weltweit größten Studien über das Kennlernverhalten von Erwachsenen forscht. Er untersucht, wie das Internet die Beziehungen von Millionen von Amerikanern beeinflusst. Von ihm hoffe ich mehr darüber zu erfahren, wie sich die Liebe verändert hat.

Die vorherrschende Lebensform in nahezu allen westlichen Ländern ist die Paarbeziehung auf Zeit. Soziologen nennen diese Abfolge von Partnerschaften »serielle Monogamie«. Heiraten ist längst keine biografische Selbstverständlichkeit mehr: In den siebziger Jahren entschieden sich mehr als neunzig Prozent der jungen Erwachsenen in Deutschland für die Ehe. Seitdem hat sich die Zahl derer, die ein Leben lang unverheiratet bleiben, verdreifacht. Seit 2007 nehmen die Eheschließungen zwar wieder zu, aber zur gleichen Zeit ist die Zahl der Scheidungen auf einem Höchststand angelangt. Rund vierzig Prozent der Getrauten lassen sich wieder scheiden. Jeder zweite Geschiedene wagt mindestens einen zweiten Versuch – der noch häufiger scheitert.

Ich frage mich durch das Serra-Mall-Gebäude am Ende der berühmten Palmenauffahrt von Stanford und treffe schließlich in einem leicht chaotischen Büro auf einen Mittvierziger mit schwarzen Locken und Bart, der wie die meisten Amerikaner keinen Wert auf Förmlichkeiten legt. »Hi, I'm Michael«, sagt er zur Begrüßung, »erzählen Sie mir von dem Buch, an dem Sie arbeiten.«

Nachdem ich ihm kurz erklärt habe, worum es geht, frage ich Mister Rosenfeld: Ist die Liebe auf dem Rückzug? »Auf keinen Fall. Wie kommen Sie darauf?«, sagt er und lacht.

»Naja, in den USA und in Deutschland gibt es immer mehr Scheidungen, viel weniger Eheschließungen als noch vor vierzig Jahren, dazu kommt der kühle Pragmatismus des Online-Datings.«

»Aber heute heiraten Menschen viel freiwilliger und in den meisten Fällen aus reiner Liebe«, sagt Professor Rosenfeld, »früher ging es bei der Partnerwahl um praktische Fragen: Kann die Frau Kinder gebären? Kann sie auf der Farm mitarbeiten? Bietet mein Mann mir Sicherheit?«

»Woher kommt dann mein Eindruck?«, frage ich ihn.

»Das Problem ist, dass wir unsere Beziehungen heute mit Erwartungen überfrachten. Wir wollen ewige Liebe, Leidenschaft, vollkommenes Glück. Zufriedenheit ist viel schwieriger zu erfüllen als Gebärfähigkeit. Partnerschaften scheitern an diesem Ideal. Früher war es einfach Pech, wenn man einen Partner erwischt hat, der sich als Alkoholiker entpuppte. Heute hat man die Option, sich einen neuen zu suchen.«

Es stimmt: Die längste Zeit der Menschheitsgeschichte hatte man keine Wahl, mit wem man zusammen sein wollte. Familie oder Dorfgemeinschaft entschieden darüber, und ihre Auswahl war überschaubar. »Das einzig Gute war«, sagt Rosenfeld, »dass auch die Auswahl für Seitensprünge begrenzt war und dass in den engen Gemeinschaften der Vergangenheit zusätzlich die soziale Kontrolle griff.«

Erst im 19. Jahrhundert begann sich die Partnerwahl ausgehend vom Bürgertum zu ändern – befeuert vom Liebesideal der Romantiker und einem Klima, in dem vor allem die Frauen zunehmend versuchten, ihre Handlungsspielräume auszuweiten. »Eines ist sicher«, schließt Michael Rosenfeld seinen Exkurs in die Vergangenheit, »die Liebe war über Jahrhunderte ein netter Nebeneffekt einer Beziehung – keinesfalls deren Bedingung. Das ist in unserer Zeit anders und macht die Dinge komplizierter.«

Heute prägen Brüche die Liebesbiografien der Menschen. Der Großteil ist immer wieder mal Single, hat also die Möglichkeit, sich immer wieder auf's Neue zu verlieben. Das ist endlich eine gute Nachricht für die Barbaras dieser Welt: Die Chance auf das schönste Gefühl der Welt hat man heute bis ins hohe Alter.

Drei Befragungswellen hat es im Rahmen der Stanford-Studie bereits gegeben, weitere sollen folgen. 4002 Amerikaner wurden bislang mit Fragebögen zu ihrem Liebesleben befragt. Zusätzlich haben Professor Rosenfeld und seine Mitarbeiter etliche Stunden bei Hunderten von Menschen auf dem Sofa verbracht und sie zu ihren Beziehungen, Trennungen und dem Kennenlernen von neuen Partnern interviewt.

Ich frage ihn, welches Ergebnis ihn bisher am meisten überrascht hat.»Zunächst fand ich spannend, dass ein Internetzugang heute die Wahrscheinlichkeit erhöht, einen Partner zu haben: 82 Prozent der Befragten, die über einen Internetzugang verfügten, waren auch in einer Beziehung, wohingegen nur 63 Prozent der Menschen ohne Online-Anschluss einen Partner hatten. Sehr interessant fand ich auch, von welchen Teilen der Bevölkerung das Internet zur Partnersuche genutzt wird. Die Annahme zu Beginn meiner Studie war, dass die heute Zwanzig- bis Fünfundzwanzigjährigen, die mit dem Internet aufgewachsen sind, am wenigsten Hemmungen haben, online nach einem Partner zu suchen. Das Gegenteil ist der Fall: Sie nutzen diese Angebote auffällig wenig.«

Auch ich hatte mich im Lauf der Recherche immer wieder gefragt, warum jüngere Erwachsene kaum Online-Dating betreiben. Das Durchschnittsalter der deutschen Partnersuch-Seiten liegt bei Mitte dreißig bis vierzig. Meine Vermutung war, dass Jüngere ein Unbehagen gegenüber Online-Dating verspüren, weil die von Effektivität und Pragmatismus geprägte Partnersuche nicht ihren Vorstellungen von Romantik entspricht.

Professor Rosenfeld widerspricht dem:»Nein, dass die

Liebe das Leben auf den Kopf stellt, wollen alle Singles – egal, wie alt sie sind. Ab dreißig hat man einfach einen anderen Leidensdruck und versucht es deshalb online.« Und dann kommt er auf seine Lieblingsformulierung zu sprechen: *thin dating markets*, also Heiratsmärkte mit wenig Angebot. »Online-Dating ist nur dann eine Option, wenn sich die Leute in ›thin dating markets‹ befinden, wenn also die natürlichen Möglichkeiten zum Kennenlernen weniger werden oder verschwinden.« Wenn man nicht mehr zur Uni oder auf WG-Partys geht zum Beispiel.

Das Internet erweise sich immer dann als extrem hilfreich, wenn man Dinge aufstöbern will, die schwer zu finden sind. »Denken Sie an seltene Bücher, die man heute problemlos bei Amazon bekommen kann. Genauso ist es mit Oldtimer-Ersatzteilen und B-Seiten von The-Who-Platten.« Oder mit Singles in thin dating markets, ergänze ich.

Als ich mich von Michael Rosenfeld verabschiedet habe und in der kalifornischen Sonne zurück zu meinem Auto gehe, denke ich an Barbara und den Parcours an Hochzeiten von Freunden und Babybesuchen, zu dem ihr Leben geworden ist. Die Wahrscheinlichkeit, einen Partner zu finden, das zeigen Statistiken, sinkt rapide mit dem Eintritt ins Berufsleben. Etwa achtzig Prozent der Männer zwischen 35 und 37 sind in festen Beziehungen, in Barbaras Wunschaltersgruppe um die vierzig sogar noch mehr. Wie spürt man die verbleibenden Singles auf? Im privaten Umfeld sind die meisten mit Ende zwanzig liiert, das Ausgehen beschränkt sich – wenn überhaupt – auf das Wochenende. Gelegenheit macht Liebe, aber was, wenn die Gelegenheiten immer weniger werden?

Es ist schon seltsam: Wir leben in einer Zeit, in der es theoretisch so einfach wie nie zuvor ist, allein zu leben und sein Leben zu bestreiten. Und doch ist in den Augen der meisten die Paarbeziehung das Lebenskonzept der Wahl, rund zwei

Drittel der jungen Erwachsenen heiraten auch heute einmal im Leben. Vor allem *wie* sie das tun, verrät viel darüber, wie beherrschend der Lebensentwurf Zweierbeziehung ist.

Siegesfeiern im Paarlaufwettbewerb – Wie die Liebe materiell inszeniert wird

Heiraten war kulturgeschichtlich gesehen natürlich schon immer eine Leistungsschau. Bis weit ins 20. Jahrhundert gab es etwa die Tradition, dass die Braueltern das Fest ausrichten oder dass die Braut eine Mitgift erhält. Unter dem strengen Blick der Verwandtschaft und Dorfgemeinschaft taten die Braueltern alles, um sich nicht zu blamieren: Sie gaben in jeder Hinsicht ihr Bestes.

Dafür sorgen die Paare heute schon selbst. Die Siegesfeiern im »Paarlaufwettbewerb« (Peter Sloterdijk) sind pompöser denn je. Zwischen 20 000 und 30 000 Euro gibt ein Paar aus der deutschen Mittelschicht heute für eine Hochzeit aus – weit mehr als noch vor einigen Jahrzehnten. Dass Hochzeiten immer kostspieliger werden, liegt auf der Hand: Das Heiratsalter stieg allein in den vergangenen zwei Jahrzehnten um mehr als vier Jahre. Je später geheiratet wird, desto mehr Geld haben die Brautleute zur Verfügung. Hinzu kommt das für diese Generation so typische Optimierungsdenken, wonach alles noch ein bisschen besser geht. Und so sind Hochzeiten in den vergangenen Jahren zu perfekt orchestrierten Events geworden – durchgestylt vom Grafikdesign der Einladungen über den eigenen Hochzeitsblog bis zum personalisierten Gastgeschenk. Alles Konzept. Bloß nichts dem Zufall überlassen.

Die Blaupause für das formvollendete Jawort bilden Hollywoodfilme wie »Bridesmaides«, »Wedding crasher« oder »27 Dresses«, in denen Hochzeiten als mehrtägige Luxuswochenenden zelebriert werden. Seit ein paar Jahren ist es mit einer einfachen Samstagshochzeit auch in Deutschland nicht getan – ob Junggesellenabschied, Hen nights, Bridal Shower oder Foto-Austausch-Brunch: Kostspielige Sonderveranstaltungen, die um den schönsten Tag des Lebens herumgelegt werden, runden die Feier dramaturgisch ab.

Für Melanie Grove von »Premium Weddings« in München sind Januar und Februar die entscheidenden Monate, in denen sie Schlösser, Herrenhäuser und Gutshöfe im süddeutschen Raum aufstöbert. Die frühere Journalistin hat sich als Hochzeitsplanerin selbstständig gemacht, und auch die Verbreitung dieses Geschäftsmodells – allein in München gibt es etwa ein Dutzend Dienstleisterinnen wie sie – zeigt, wie aus einem Familienfest eine Eventbranche wurde. Grove ist in Eile: Gleich nach unserem Gespräch im kleinen Frühstücksitaliener »Bar Centrale« ist sie im Fünf-Sterne-Hotel Mandarin Oriental zur Vorbereitung eines Banketts verabredet – viele ihrer Kunden sind gut betucht.

Zwölf Hochzeiten organisiert die Münchnerin derzeit parallel. »Wenn die Einladungen verschickt werden – bei Sommerhochzeiten im ersten Drittel des Jahres –, sind die meisten Entscheidungen für das Fest schon gefallen. Auf jeden Fall die der Hochzeitslocation: Am häufigsten wünschen sich Paare ein Schloss, das gut hergerichtet ist und am besten noch über einen Loungebereich verfügt«, sagt Melanie Grove. Je exquisiter der Ort, desto besser.

Die Hochzeitsplanerin hat alles im Angebot, wovon Bräute im Jahr 2012 träumen. Seifenblasen in Champagnerfläschchen-Form. Effektbrillen, mit denen man Herzchen sehen kann. Weiße Mandeln als Gastgeschenk. Darüber hinaus verfügt sie über eine Armada an Dienstleistern, die den vielleicht schönsten Tag im Leben zum definitiv teuersten machen: Solisten für die Kirche, Streichquartette für den Sektempfang, Bands, DJs, Caterer, Einladungskartendesigner, Pyrotechniker, Floristen, Konditoren, Visagisten, Friseure, Fotografen. Und Pfarrer, die das Sakrament der Ehe auch unter Wasser oder auf einem Berggipfel spenden.

Weiße Tauben oder Herzluftballons waren übrigens gestern. Das neueste Must-have sind lebendige Schmetterlinge, die vom Brautpaar gen Himmel geschickt werden. (Es ist anzunehmen, dass dieser Trend in dem Moment nach Deutschland kam, als im Film »Bridesmaides« eine Hochzeitseinladung in einer Schachtel verschickt wurde, aus der beim Öffnen ein handflächengroßer Schmetterling flatterte.)

Sicher ist: Das Romantik-Accessoire Schmetterling gibt's erst ab 200 Euro – und ab Temperaturen von 20 Grad, denn darunter fliegt der Kohlweißling, die dafür auserkorene Schmetterlingsart, nicht und verharrt in Schockstarre. Wie bitter muss das sein: Da hat man als Brautpaar einen kühlen Tag erwischt UND die teuren Tierchen bleiben symbolträchtig in ihrer Unfreiheit hocken!

Den Coup mit den Schmetterlingen hat Barbara auf den vielen Hochzeiten ihrer Freunde und Verwandten noch nicht gesehen, aber »sonst ungefähr alles, was man sich denken kann. Auch Feuerschlucker.« Diesen Sommer ist sie nur auf fünf Hochzeiten eingeladen. Vor zwei Jahren, 2010, waren es insgesamt acht – davon drei im Ausland.

»Wenn sich im Sommer eine Hochzeit an die andere reiht, drehen sich die Gespräche mit meinen Freundinnen fast nur darum, wer sich wie seine eigene Hochzeit ausmalt. Sogar die, die schon geheiratet haben, zählen dann auf, was sie wieder machen würden und was auf keinen Fall. ›Ich möchte unbedingt Herzluftballons‹, ›Eine Kutsche brauch ich nicht, dafür springt vielleicht ein Feuerwerk heraus.‹« Barbara bestätigt, was eine Wedding-Planerin aus Hamburg kürzlich der Zeitschrift NEON verriet: »Sogar toughe Geschäftsfrauen haben den Wunsch, einmal im Leben Prinzessin zu sein.«

Was für ein Geschäftsmodell: Hochzeitsplanerinnen wie

Melanie Grove können auf eine nie endende, stetig nachwachsende Klientel zählen. Nicht nur Barbara, auch ich bekomme jedes Jahr aufs Neue Diamantringe unter die Nase gehalten, natürlich mit der dazugehörigen Geschichte garniert. Der ist von Tiffany's / steckte im Dessert / stammt aus einer südafrikanischen Fair-Trade-Mine. Der Antrag erfolgte auf einer Dachterrasse in Paris / vor den Viktoria-Fällen / im Over-Water-Bungalow auf den Malediven. Drunter geht's nicht.

Und ein Zurück zu bescheideneren Festen ist nicht zu erwarten: Die kostspielige Inszenierung des Jaworts ist zum Bestandteil des modernen Wohlstandsideals geworden. Hochzeiten sind Statussymbole, man belohnt sich damit zu heiraten – und streckt der Scheidungsstatistik die Zunge heraus. Psychologisch ist das nachvollziehbar: Was unsicherer geworden ist, wird stärker bekräftigt. Die Skepsis und Neugier, die aus den Gesichtern der Brautpaare auf alten Fotografien spricht, gibt es nicht mehr. Von den Dankeskarten der heutigen Paare strahlen Sieger ob des Erfolgs ihrer Liebe, die Message: Wir haben es geschafft. »Wir haben uns getraut!«

Vielleicht lassen Gäste wie Barbara und ich den befreundeten Paaren den ganzen teuren Kitsch und die abgegriffenen Romantikschablonen nur deshalb durchgehen, weil wir wissen (oder es zumindest hoffen), dass tief unter dem Zuckerguss, unter dem vielen Konfetti und dem Wunderkerzen-Sternchen-Regen noch etwas anderes steckt: ein bewundernswert waghalsiger Akt. Da sind zwei Menschen, die sich für den Rest ihres Lebens lieben wollen. Eigentlich der Wahnsinn.

Mythos Single-Gesellschaft:
Warum allein zu leben ein sozialer Makel ist

Wenn, wie es bei Epikur heißt, nichts barbarischer ist als alleine zu essen, dann sind moderne Supermärkte schuld an der Verwahrlosung des westlichen Menschen, zumindest in kulinarischer Sicht. 150 Gramm geschnittene Melone 2,39 Euro, 80 Gramm Parma-Schinken 2,99 Euro. Neun Rollen Sushi 7,99 Euro. Ein Stück New York Cheesecake 2,49 Euro – fertig ist das Kühlregal-Menü. In einer Zeit, in der Kochen zum sozialen Event und Gourmet-Kennertum zum Distinktionsgewinn taugt, ist Convenience Food, also verzehrfertig abgepackte Speisen, die perfekte Lösung für alle, die niemanden zum gemeinsamen Essen haben, sich aber trotzdem einigermaßen gut ernähren wollen. Zu teuer? Ach, man gönnt sich ja sonst nichts.

Die Lebensmittelindustrie hat sich auf die Alleinlebenden eingestellt – und verdient bombig an ihnen. Nicht selten kosten die Ein-Portionen-Größen im Supermarkt genauso viel wie die normalen Packungen. Aber – und das muss man marketingtechnisch erst mal hinkriegen – die Singles kaufen sie trotzdem, vielleicht aus Wertschätzung dafür, dass sich da mal jemand Gedanken um sie und ihre Essgewohnheiten gemacht hat (vielleicht auch einfach, weil sie keine Lebensmittelreste wegwerfen wollen).

Die Konsumangebote en miniature sind allein Marktforschungsüberlegungen geschuldet. An dem Standing des Singles ändern sie nichts. Das Maß aller Dinge in unserer Gesellschaft ist und bleibt die Paarbeziehung, da können die Alleinlebenden noch so versorgt sein mit handlichen Klopapierpackungen und Ein-Zimmer-Apartments auf dem Immobilienmarkt.

Allein wie über Singles geredet wird, offenbart, wie gemeinhin über sie gedacht wird: Als Single könne man »sich austoben« (wie ein Kind) und »sich die Hörner abstoßen« (wie ein Tier), so die zwei häufigsten Formulierungen, denen – und das ist das eigentlich Bemerkenswerte – eindeutig eine zeitliche Begrenztheit innewohnt: Hauptsache, man ist nach dem Austoben und Hörner-Abstoßen wieder bereit für den nächsten Lebensabschnittsgefährten. Auch unser Sprachgebrauch macht deutlich: Alleine zu leben, ist nur als Übergangsphase von einer Beziehung in die nächste akzeptiert, keinesfalls als langfristiges Modell.

In der öffentlichen Wahrnehmung gelten vor allem Dauersingles als komische Spezies: Während im Fernsehen das Bild des schrulligen Eigenbrötlers vorherrscht (Männer in Gestalt des Nerds, der keinen Einrichtungsgeschmack hat; Frauen in Gestalt der kauzigen Katzenfrau), dominiert im sozialpolitischen Kontext die Deutung vom Single als demjenigen, der den Generationenvertrag endgültig ruiniert. Durch seine egozentrische Lebensweise konterkariert er das Ideal der Kleinfamilie, verhindert – quasi im Alleingang – die Entlastung der Sozialkassen.

Singles, vor allem den älteren unter ihnen, wird Lebensleere und Einsamkeit unterstellt und dadurch indirekt auch ein höheres Risiko, psychisch krank zu werden. Und ihre Kinderlosigkeit wird in den Medien oft genug zur Armutsfalle. Die Vorsorge-Rhetorik (»Wer kümmert sich um den Single im Alter?«) ist schon bemerkenswert in einem Kulturkreis, der seit Jahren die Vorzüge der Individualisierung feiert. In einem Artikel der Welt am Sonntag mit der vielsagenden Überschrift »Die bunte Welt der Paare und Familien« heißt es beispielsweise: »Klar ist deshalb, dass der gesellschaftliche Wandel, insbesondere die Zerbrechlichkeit der Partnerbeziehungen, neue soziale Probleme schafft und das Armutsrisiko vergrößert.« Die private Katastrophe wird zum Problem für alle.

Wer selbst liiert ist, dem fällt wahrscheinlich gar nicht

auf, wie sehr die Alltagswelt mit den Codes der Zweisamkeit durchdrungen ist: So gut wie jeder Prospekt, jede Plakatwand und jede Zeitschriftenanzeige zeigt glückliche Paare. Kein Wunder, dass Menschen wie Barbara Felgenhauer, die seit fünf Jahren Single ist, sich wie Aussätzige fühlen angesichts der Tatsache, dass ihr Leben so drastisch von der Normalbiografie abweicht.

Drei der vier Langzeitsingles, mit denen ich für das Buch gesprochen habe, sagten, dass sie ihr Single-Sein als Makel empfinden: »wie bei einem Langzeitarbeitslosen«. Auch die Formulierung »schwer vermittelbar« hörte ich oft. Ein Single sagte: »Je länger man keine Beziehung mehr hatte, desto mehr zögern die Leute, sich auf dich einzulassen. Die denken, da muss was faul sein an der Person.« Sortiert sie ihre Unterhosen nach Wochentagen? Knurrt sie beim Sex? Oder hat sie einfach den schwierigsten Charakter der Welt?

»Es gibt nichts, was die Leute schrecklicher finden als Single-Frauen mit Mitte dreißig«, sagt Barbara. Kein Parfüm oder Aftershave der Welt übertüncht den Geruch der Verzweiflung. Das konnte auch die amerikanische Psychologin Sarah Kiesler zeigen. Sie ließ Männer einen Test machen, der angeblich ihre intellektuellen Fähigkeiten messen sollte. Einer zufällig ausgewählten Gruppe der Männer sagte sie dann, sie hätten besonders gut abgeschnitten – und den anderen, dass sie besonders schlecht gewesen wären. Als sich schließlich – immer noch im Rahmen des Experiments – eine nette Frau in der Cafeteria zu ihnen setzte, versuchten die (vermeintlich) Erfolgreichen gleich, die Frau kennenzulernen; die Frustrierten blieben einsilbig, und letztlich allein.

Man darf sich seine Frustration nicht anmerken lassen, auch Barbara weiß das. »Man muss lächeln. Alle Enttäuschungen beiseiteschieben. Nichts persönlich nehmen, immer locker bleiben.« Doch wie soll man sich entspannt geben, wenn man es nicht ist? Wenn wie bei Barbara der Wunsch nach Zärtlichkeit und Zweisamkeit das Leben bestimmt? Wie zur Hölle soll man aktiv suchen und dabei passiv wirken?

Barbara hat ihre Leichtigkeit und Unverkrampftheit längst verloren. Sie kam ihr abhanden irgendwo zwischen den Hochzeiten, die sie ohne Begleitung über sich ergehen ließ, den Horrorgeschichten von Freundinnen, die bereits mit Ende dreißig in die Wechseljahre gekommen sind, und zwischen all den mit Sehnsucht tapezierten Orten des Nachtlebens, die sie schon nach der Liebe ihres Lebens abgesucht hat. »Ich glaube, die Single-Jahre haben mich verändert. Ich bin irgendwie härter geworden, zu mir, aber auch zu Männern. Schon aus Selbstschutz.« Ein Herz mit Hornhaut – das hat Barbara davongetragen.

Man kann ihr die Last, die angesichts ihres komplett verheirateten Freundeskreises auf den Schultern drückt, regelrecht ansehen. »Es ist schon absurd«, sagt Barbara, »meine Eltern haben mich als eigenständige, selbstbewusste Frau erzogen, die sich nicht von einem Mann abhängig zu machen braucht, und jetzt mit 37 bin ich an einem Punkt, an dem eine Beziehung das denkbar größte Glück für mich darstellt.« Der Mann als Erlöser. »Wie krank ist das?«

Die Frage, die nicht nur sie sich stellt: Wie glücklich kann man alleine werden? Wird man absolutes Glück nur erfahren, wenn man jemanden findet, mit dem man zu zweit durchs Leben geht?

Die Wissenschaft hat diesbezüglich deprimierend eindeutige Ergebnisse: Die Zufriedenheit verheirateter Menschen ist fast über alle Altersstufen hinweg höher als die derjenigen, die nicht oder später heiraten. Das hat der Schweizer Ökonom und »Glücksforscher« Bruno S. Frey in einer Langzeitstudie herausgefunden. Mit zunehmendem Alter nähert sich das Glücksempfinden der Singles wieder den Verheirateten an, vor allem ab fünfzig geht es mit den Singles in Sachen

Lebenszufriedenheit wieder bergauf. Bruno Freys Ergebnisse werden Barbara kaum trösten.

Je mehr sich traditionelle Bindungen aufgelöst haben, desto größer sind die Heilsversprechen von Liebesbeziehungen geworden. »Die Größe des Du ist die umgedrehte Leere, die sonst herrscht«, schreiben Ulrich Beck und Elisabeth Beck-Gernsheim in »Das ganz normale Chaos der Liebe«, »das heißt auch: weniger das materielle Fundament und die Liebe, sondern die Angst vor dem Alleinsein hält Ehe und Familie zusammen. Was *jenseits* von ihr droht oder befürchtet wird, ist bei allen Krisen und Konflikten vielleicht das stabilste Fundament der Ehe: Einsamkeit.«

Vierzig Prozent der heute Dreißigjährigen haben Angst, alleine zu leben, hat der Soziologe Martin Doehlemann von der Universität Münster herausgefunden. Genau dieses Unsicherheitsgefühl machen sich kommerzielle Anbieter zunutze und versprechen Abhilfe. Mit ihrer Machbarkeitsrhetorik hat die millionenschwere Verkupplungsindustrie einen Einstellungswandel erwirkt: Partnerlosigkeit gilt heute als leicht zu behebende Mangelerscheinung – so etwas wie Skorbut. Man muss nur beim richtigen Anbieter sein, um das Problem in den Griff zu kriegen.

Das Unbehagen gegen die Single-Industrie –
Warum so viele Menschen auf das Schicksal vertrauen

Manchmal, wenn Not am Mann ist, macht Christian Ziegler einfach selbst mit beim Flirten im Akkord. Schließlich passt er mit 28 genau zum Altersdurchschnitt seiner Teilnehmer. Seit zwei Jahren veranstaltet der Stuttgarter mit seiner Firma »Nice-2-date-you« Speeddatings in neun deutschen Städten. Er habe sich das Geschäftsmodell angesehen und festgestellt, dass man sich mit Single-Veranstaltungen gut etwas dazuverdienen kann; und am Ende mache man noch ein paar Leute glücklich, sagt der schwäbische Jungunternehmer.

19 Euro verlangt er für die Teilnahme, »ein Clubbesuch kostet ja schon mehr.« Dafür trifft der Teilnehmer auf mindestens sieben Singles, mit denen er sich reihum sieben Minuten lang unterhalten muss. Danach signalisiert ein Gong eine Verschnaufpause, bevor es am nächsten Tisch weitergeht. Nach dem Kennlernmarathon können die Teilnehmer im Internet ankreuzen, welchen der Kandidaten sie gerne wiedersehen möchten: Kommt es zu einer Übereinstimmung, werden die Kontaktdaten freigeschaltet. Die Chancen, beim Speeddating jemanden kennenzulernen, stehen gut: Eine Studie der Berliner Humboldt-Universität, bei der Teilnehmer sechs Wochen nach der Veranstaltung befragt wurden, ergab, dass sich fast vierzig Prozent noch einmal mit einem Kandidaten getroffen haben und sich bei 25 Prozent (zumindest kurzfristig) eine Beziehung angebahnt hat.

Wenn man wie Christian Ziegler regelmäßig paarungsbereiten Großstädtern beim Flirten zusieht, lernt man eine Menge über die Gesetzmäßigkeiten des Kennenlernens:»Ich stelle immer wieder fest, dass Frauen fast durchgängig lächeln und Männer so gut wie gar nicht. Wenn der Mann einen Witz gemacht hat, lacht die Frau gleich mit. Wenn die Frau dagegen etwas Lustiges sagt, heißt das noch lange nicht, dass der Mann jetzt lacht.«

Ob in Kontaktanzeigen, in Online-Dating-Profilen oder bei Straßenumfragen: Immer wieder geben Singles an, dass sie einen Partner suchen, der sie zum Lachen bringt. Humor ist der Rekordmeister in der Liga der Wunscheigenschaften künftiger Partner, vor allem, weil er ein Indikator für Intelligenz und Selbstironie ist.

Die US-Amerikanerin Julia Kamin hatte deshalb die Idee einer Partnerbörse, die den gemeinsamen Humor in den Mittelpunkt stellt. Sie gründete makeeachotherlaugh.com, eine

Internetseite, auf der man zunächst Cartoons, Webschnipsel und Bilder nach ihrer Lustigkeit bewerten soll, um dann per Algorithmus Kandidaten zugewiesen zu bekommen, die sich über ähnliche Dinge amüsieren können. Was einleuchtend klingt, läuft bislang eher schleppend, die Seite befindet sich nach zwei Jahren noch immer in der Beta-Version. Wie der Speeddating-Veranstalter Ziegler glaubt auch Julia Kamin inzwischen, dass Witzigkeit eben doch Grenzen kennt – oder zumindest Geschlechterunterschiede. Dies bestätigt auch eine Studie, die Robert Provine an der University of Maryland durchgeführt hat: Demnach bevorzugen Frauen Männer mit Humor, und Männer bevorzugen Frauen, die über ihre Witze lachen – so das Ergebnis einer Analyse von 4000 Kontaktanzeigen, die der Psychologe auf Wortwahl und Witzigkeit untersucht hat. Julia Kamin hat sich vorsichtshalber die Rechte für zwei weitere Internet-Domains gesichert: hemakesherlaugh.com und shelaughsatmyjokes.com.[2]

Doch auch wenn sich Humor oft nur in Einbahnstraßen bewegt – bei Speeddatings gehe es »locker und lustig zu«, versichert Christian Ziegler. Er genießt das aufgeregte Geschnatter, das Sirren der Großstadtflirts, den Moment, in dem alles möglich ist. Nur einmal wurde es dramatisch: »Schon vor der Veranstaltung in Stuttgart war ein Mädchen völlig aufgelöst, weinte und wollte auf gar keinen Fall mitmachen.« Was war passiert? »Sie hat ihren Exfreund unter den Kandidaten erspäht – der sich nur eine Woche zuvor von ihr getrennt hatte.« Beide waren wieder »auf dem Markt« – ein treffenderes Bild dafür als eine prompte Anmeldung beim Speeddating gibt es kaum.

Seit dem Film »Shoppen« ist das Großstadtphänomen Speeddating einem breiten Publikum bekannt. Tatsächlich

---

2 Übersetzt heißen die Websites »Er bringt mich zum Lachen« und »Sie lacht über meine Witze«.

findet man die Single-Veranstaltungen vor allem in Ballungszentren. Nur im anonymen Geflecht der Großstadt kann der Zufall Kandidaten zusammenführen, die sich noch nicht kennen. »In Kleinstädten oder auf dem Land hat man ständig Angst, dem Exfreund einer Freundin oder dem eigenen Cousin zu begegnen«, sagt Christian Ziegler. »Das schreckt ab.« Egal ob online oder offline – unzählige Anbieter nehmen sich heute der Alleinstehenden an. Speeddating gibt es längst auch im Internet: Beim Video-Dating ist man reihum einem Dutzend Kandidaten zugeschaltet. Anbieter wie Kissnofrog. com ermöglichen spontane Live-Chats via Webcam – egal ob man gerade in Berlin, Hamburg, Münster oder Leipzig nach einem schnellen Flirt sucht. Es gibt rund 2500 Partnerbörsen in Deutschland (zu diesen mehr in den Kapiteln 3 und 4), darunter Flirtportale, Partnervermittlungen, Seitensprung-Agenturen.

Neue Wege, die Online- und die Offline-Welt zu verbinden, sind etwa das in den USA aufgekommene Flirtphänomen der Dating-Cards: Dabei vergibt man (in der realen Welt) visitenkartenartige Give-aways, die neben einem lockeren Spruch (»This card will change your life«) auch den Link zu einer Profilseite im Internet enthalten. Dort können Interessenten dann mehr über den Kartenverteiler erfahren. Die Werbemaßnahme in eigener Sache ist gedacht für Alltagsflirts und jene Momente in der U-Bahn, bei denen man sich im Nachhinein nicht ganz sicher ist: War da was?

Auch verhältnismäßig neu und in Deutschland gerade sehr beliebt ist »Jumping Dinner« – eine Mischung aus Speeddating und »Das perfekte Dinner«, bei der man für jeden Gang eines Abendessens eine andere Wohnung aufsucht und dort jeweils vier neue Singles trifft.

Die Fisch-sucht-Fahrrad-Single-Partys der Neunziger finden sich heute seltener, dafür hat sich das ebenfalls in dieser Zeit entstandene Konzept der Single-Reise erstaunlich gut gehalten. Der Marktführer Sunwave schickt 4000 Singles pro Jahr in den Urlaub, meistens in Gruppen von je zehn Frauen und Männern. Laut Veranstalter findet sich pro Reise ein Paar. Es gibt sogar Single-Trips für Gläubige: Auf der Wallfahrt nach Padua (318 Euro inklusive Übernachtung) betet man den heiligen Antonius um Hilfe bei der Suche nach einem Ehepartner an – und kann sich schon im Reisebus nach einem feschen Katholiken (oder einer feschen Katholikin) umsehen.

Die Partnersuche ist heute so professionell organisiert wie nie zuvor.

Das haben längst auch Barbaras Freunde und Verwandte erkannt und traktieren die 37-Jährige mit Tipps. »Meld dich da doch mal an«, sagen sie. Oder: »Du hast doch nichts zu verlieren.« Barbara entgegnet dann meistens einen Satz, in dem das Wort Würde vorkommt. Sie kann die Sprüche nicht mehr hören; all die Binsen wie »Man trifft die große Liebe immer dann, wenn man es nicht erwartet« oder »Man muss das einfach auf sich zukommen lassen«. Und der verdammte Satz mit dem Topf und dem Deckel.

Mit den meisten Angeboten der Single-Industrie fremdelt sie. »Speeddating oder eine Single-Reise wären mir viel zu heftig, weil man da ja nicht einfach wieder gehen kann.« Und sie sagt: »So verzweifelt bin ich nicht.«

Barbara hält die Liebe für eine Schicksalsmacht: Sie glaubt, dass es einen Plan gibt, in den sie nicht eingreifen darf. Irgendwann werde es passieren: auf einer Geburtstagsfeier, an der Bushaltestelle, morgens beim Bäcker. »Die erste Begegnung sollte etwas Unwahrscheinliches haben, einen Moment, den nur wir beide als besonders wahrnehmen.« Eine Speeddating-Veranstaltung wäre kein solcher Moment.

Doch was auch Barbara nicht von der Hand weisen kann, ist, dass Anbieter wie Nice-2-date-you oder Single-Reisenveranstalter wie Sunwave einen mit Menschen ins Gespräch bringen, auf die man sonst nie treffen würde. Die meisten Partnersuchenden ab dreißig stecken fest im Berufsleben, umgeben sich mit den immer gleichen Kollegen und Freunden. Sie sind, wie Soziologen das nennen, »sozial immobil«. Es klingt fast wie eine Beleidigung.

»Ich warte auf die Richtige« – Warum Singles die wahren Romantiker sind

Till Saalbeck stammt aus einem kleinen Ort im Landkreis Neumarkt in der Oberpfalz. Als sein Vater nach einem Schlaganfall gepflegt werden musste, brach er mit Ende zwanzig sein berufliches Nomadentum ab, zog zurück in die Provinz und spielte, wie er sagt, »Reha-Taxi«. Heute arbeitet er als Jugendleiter im Ort und lebt mit seinen Eltern in einem denkmalgeschützten Haus im historischen Zentrum. Seit sechs Jahren ist Till nun Single.

An einem schwülen Tag im Juli 2011 hole ich ihn bei seinem Jugendtreff ab und treffe auf einen gut gelaunten 35-Jährigen mit stattlichem Bauch und kurz rasierten blonden Stoppeln. Einen Nachmittag lang erlebe ich, wie beliebt Till ist. Als wir durch die Altstadtstraßen gehen, grüßen ihn drei Generationen von Leuten: Die Kleinen fragen nach dem Fußballspiel, die jungen Erwachsenen nach dem Stammtisch, und die Alten erkundigen sich nach den Apotheker-Eltern. Till ist so was wie der heimliche Bürgermeister im Ort. Nur in der Liebe klappt es nicht. »Das Problem ist: Ich lauf nicht mehr ohne Ende auf Partys. Ich will nicht jedes bisschen Freizeit damit verbringen, die restlichen Single-Mädels der Gegend aufzuspüren.«

Dabei würde er »das jetzt schon gern wollen: heiraten, Kinder produzieren.« Das ist die Till-Art zu sprechen. »Ich weiß jetzt, welchen Typ von Mensch ich mögen würde.«

Till ist durchaus anspruchsvoll, was seine künftige Partnerin angeht. Er, der studierte Politikwissenschaftler, der schon in Brüssel, Berlin und Peking gearbeitet hat, ist charmant, gebildet, weltoffen und passt somit nicht ganz ins Beuteschema der typischen Dreißigjährigen in seiner Gegend, die, wie er sagt, entweder verheiratet ist oder schon wieder geschieden; und die vom Leben vor allem ein hellgelbes Häuschen mit Edelstahlbriefkasten erwartet.

Man schaffe sich »Substitute«, sagt Till: »Meine sind, mich um die Leute hier im Ort zu kümmern, nach alten Schränken zu forschen, auf Konzerte zu gehen. Dinge, die auch erfüllend sind.«

Von allen, die ich für mein Buch interviewt und nach ihrer Meinung befragt habe, ob die Liebe für sie etwas Planbares oder etwas Schicksalhaftes ist, fand ich Tills Philosophie am erfrischendsten: Zwar steht er Partnerbörsen skeptisch gegenüber und hat keine Lust, Geld dafür auszugeben, dass ihm ein Computeralgorithmus Kandidatinnen ausspuckt, die es dann abzuarbeiten gilt. Aber als ihm ein Freund den Link zur Partnerbörse Zoosk schickte, war er zumindest neugierig: »Anmelden kann ich mich ja mal«, dachte er. Nur ist es bei Zoosk wie bei vielen Börsen nicht möglich, mit anderen Mitgliedern in Kontakt zu treten, ohne dafür zu bezahlen. Till hat das dann auf seine Art gelöst: Er suchte mit der Postleitzahlensuche nach Frauen in seinem Umkreis, und siehe da: Er fand zwei Single-Frauen aus dem Nachbardorf – eine gefiel ihm besonders, eine Lehrerin. »Ich bin dann ein paar Mal rübergefahren und habe mich da umgesehen. Ich bin auch ausgegangen, um zu schauen, ob ich sie zufällig treffe. Es kamen ja nur zwei Lokale in Frage.« Gefunden hat er sie nicht.

Die Vorstellung, dass Till in seinem weißen VW-Bus, mit dem er sonst die Gerätschaften für seinen Jugendtreff transportiert, die Hauptstraße des Nachbardorfes abfährt, um die Frau seines Lebens zu finden, bringt mich bis heute zum

Schmunzeln. Eine unkonventionelle Art, Online-Dating zu betreiben. Irgendwo da draußen – da muss sie sein: die Haltung eines hoffnungslosen Romantikers, der Sätze sagt wie: »Ich wüsste schon, wie ich den schönsten Nachmittag des Jahres verbringen kann: Decke raus, picknicken, Lieder singen, vögeln.« Till-Sätze.

Der 35-Jährige ist das beste Beispiel für das, was Sasha Cagen in ihrem Bestseller »Quirkyalone« 2004 beschrieben hat: Singles, so die US-Autorin, sind letztlich die wahren Romantiker. Cagens Meinung nach warten sie eben lieber auf den Traumpartner, als sich mit faden Kompromissbeziehungen die Chance auf den Hauptgewinn zu nehmen. Und wenn sie dabei ein bisschen kauzig (*quirky*) werden, dann nur aus innerem Reichtum.

Vor Jahren, als Till für politische Projektarbeit noch in ganz Europa unterwegs war, hat er bei einer Konferenz eine Schweizerin kennengelernt (»Die Augen, die Intelligenz… Sie kam zur Tür rein, und es war um mich geschehen«). Über Facebook ist er bis heute mit ihr in Kontakt. »Wenn die im Nachbarort leben würde, würde ich mir ein Bein ausreißen, um bei der zu landen.« Aber ihr in die Schweiz zu folgen, kam nicht in Frage. Tills Wurzeln sind stärker als seine Flügel. »Vielleicht sehen wir uns wieder, wenn wir siebzig sind, und verbringen den schönsten Herbst der Welt«, sagt er und wirkt nicht traurig dabei.

»Schmachten ist romantischer als lieben – in diesem Punkt reichen sich die Frühromantik mit ihrem unerfüllten Sehnen in der Literatur und die Spätromantik mit ihren US-amerikanischen Fernsehserien die Hand«, schreibt Richard David Precht. Auch Till ist so eine Mischung aus alter und neuer Romantik. Eine sehr liebenswerte Mischung.

Der nächste Partner kommt bestimmt –
Ein neues Verständnis von Single-Sein

Auf der Leinwand sind Singles die Stars – ob in Serien wie »Californication«, »Sex and the City« und »Doctor's Diary«. Oder in Filmen wie »Bridget Jones«, »Notting Hill« und »Männerherzen«. Singles bieten den größten Fundus an Erzählstoff: Ihre Verzweiflung, ihre Sehnsüchte, Hoffnungen und Schrullen, überhaupt: ihre liebesaktuelle Stunde Null bieten die ideale Projektionsfläche für Geschichten über Irrungen und Wirrungen, für Liebesdramen und -komödien.

Kein Wunder also, dass in deutschen Filmen mehr als doppelt so viele Singles vorkommen, als es ihrem Anteil in der Gesellschaft entspricht, wie eine Studie des Grimme-Instituts ermittelt hat. Angesichts dieser medialen Überpräsenz ist es besonders überraschend, dass der Single in unserer Gesellschaft noch immer auf Skepsis stößt. Vor allem als dauerhaftes Lebenskonzept ist Single-Sein nicht akzeptiert, allenfalls in der Übergangsphase zwischen zwei Partnerschaften.

Die Paarbeziehung ist das Nonplusultra, das vermitteln einem alle von der »Bravo« bis »Brigitte Woman«, von der liierten Freundin, die gerade eine überinszenierte Luxushochzeit gefeiert hat, bis zur tattrigen Tante, die den Single bei der Familienfeier mit Bemerkungen brüskiert, dass es »langsam schon mal an der Zeit wäre, unter die Haube zu kommen.«

Eine Dienstleistungsbranche ist entstanden, die den Alleinlebenden permanent auf seinen biografischen Makel hinweist und ihm – gegen Geld natürlich – Abhilfe für sein »Problem« verspricht. Sie lockt mit der Aussicht auf unvergessliche Flirts und Abenteuer, auf Beziehung, Familiengründung und privates Glück. Das Werbeversprechen dieser Branche ist so allgegenwärtig, dass sich Millionen von Singles bei der Suche nach der Liebe helfen lassen – und diesem Industriezweig

Umsatzzahlen von jährlich mehr als 200 Millionen Euro bescheren.

In diesem Kapitel habe ich gezeigt, dass es aber auch Menschen gibt, die ein Unbehagen gegen dieses Versprechen von der »Machbarkeit der Liebe« verspüren; Singles wie Barbara und Till, die keine Lust haben, die Partnersuche zu ihrer Freizeitbeschäftigung zu machen und sich nur noch mit Menschen zu umgeben, »mit denen man nichts gemeinsam hat außer dem Wunsch nach einer Beziehung«, wie Barbara sagte.

Es entbehrt nicht einer gewissen Ironie, dass seit Kurzem auch Anbieter auf den Plan treten, die in ebenjenen Skeptikern wie Barbara und Till ihre künftigen Kunden sehen: Während meiner Recherche in den USA hörte ich zigmal am Tag den Werbespot von Itsjustlunch.com, einer Partnervermittlung, die Singles die Angst vor krampfigen Partnerbörsen-Dates nehmen will, die Message: Es ist nur ein Mittagessen! Bei dieser Dating-Seite ist der höchste Einsatz, den man geben muss, eine unverbindliche Verabredung zum Pausenlunch.

Hinter der Entscheidung, ob man mit den Angeboten der Single-Industrie etwas anfangen kann, steht eine grundsätzliche Frage: Folgt die Liebe einem höheren Plan, in den man nicht eingreifen darf? Oder lässt sich Amors Trefferquote erhöhen? Nach welchen Regeln funktioniert das »seltsame Spiel«, das die Liebe laut einem Schlager ist?

Sich den Angebots- und Nachfrage-Gesetzen des Liebesmarkts auszusetzen, ist ein Experiment, das mit Schmerzen verbunden sein kann. Die Partnersuche wirft Singles wie Barbara und Till auf sich zurück, auf ihre Unsicherheiten, Komplexe und Ängste, konfrontiert sie unweigerlich mit Fragen wie: Bin ich schön? Wie wirke ich auf andere? Woran, zum Teufel, liegt es, dass ich keinen Partner finde?

Barbara hat das Gefühl, je hartnäckiger sie nach dem

Glück der Liebe sucht, desto schwieriger lässt es sich finden. »Wünsche gehen auf die Freite. Glück ist ein verhexter Ort. Kommt dir nahe. Weicht zur Seite. Sucht vor Suchenden das Weite«, heißt es in »Kleines Solo« von Erich Kästner.

Tag 1 und 2

Tag 1 – Die Ausgangslage

Von diesem Sommer an sind von meinen fünf engsten Freundinnen drei verheiratet, bei der vierten befürchte ich noch dieses Jahr die Verlobung. Doch, doch: »befürchte« trifft es. Ich bin 31 und fühle mich wie jemand, der im liebes-biografischen Wettrennen, das meine Freundinnen veranstalten, gerade ziemlich hinterherhechelt. Das Problem ist also nicht mein Single-Sein, sondern das Pärchen-Sein der anderen.

Denn eigentlich bin ich gerade unglaublich zufrieden. Seit ich die dreißig überschritten habe, fühle ich mich wohl in meiner Haut, ich weiß, wer ich bin, was ich kann, was ich mag und was nicht.

Das war nicht immer so: Als ich Anfang zwanzig war, hatte ich keinen festen Freund. So blieb es, mit kurzen Unterbrechungen, etwa sieben Jahre lang. Natürlich ergab sich alle paar Monate der unverbindliche Spaß, den man von einem Großstadtsingle erwartet. Aber an 360 Tagen pro Jahr schlief ich alleine ein und war traurig darüber, dass kein Mann mit mir eine Beziehung führen wollte. Ich kann mich erinnern, dass mein Beziehungswunsch eine Weile so dringend war, dass ich jeden Raum, den ich in einem Partyoutfit betrat, in Sekundenschnelle scannte: Wer ist da? Wer sieht interessant aus? Mit wem willst du reden?

Einmal habe ich die nette, aber sexuell uninteressante Geburtstagsfeier meiner besten Freundin unter einem Vorwand verlassen, nur um zur Party eines Kommilitonen zu gehen, den ich nicht mal leiden konnte, von dem ich aber wusste, dass er ziemlich gut aussehende Freunde hat und dass meine Chancen dort größer waren, jemanden kennenzulernen.

Wie muss das erst mit Ende dreißig sein, wenn einem nicht mehr viel Zeit bleibt, um eine Beziehung einzugehen, die das Zeug hat, dass daraus Kinder hervorgehen? Von all den Stressarten, die den modernen Menschen im Griff halten, dürfte der biologische Stress der Frauen der existentiellste sein.

Die Frage, die letztlich auch zu diesem Buch geführt hat, habe ich mir schon mein ganzes Erwachsenenleben gestellt: Ist es eine gute Idee, gezielt nach der Liebe zu suchen? Ist das Ganze im Moment des Suchens schon zum Scheitern verurteilt? Und selbst wenn es klappt, ist es dann weniger wert, weil man in die Schicksalsmaschine eingegriffen hat? Sind die Angebote der Single-Industrie Doping im Wettrennen um Paarbeziehungen und Familiengründung?

Ich will nachfühlen, wie sich Millionen von Menschen in Deutschland fühlen, die aktiv nach der Liebe suchen. Und ich bin nach einer dreijährigen Beziehung seit Kurzem selbst Single. Ob ich bereit für eine neue Beziehung bin, weiß ich nicht. Insofern ist die einjährige Arbeit an diesem Buch kein Selbstversuch mit dem Ziel, bis zum Ende einen neuen Partner zu finden. Sie ist schlicht Teil meiner Recherche. Mir geht es darum am eigenen Leib zu spüren, was die Freizeitbeschäftigung Partnersuche mit einem macht.

Zuerst melde ich mich bei ElitePartner an, dem Portal für »Akademiker und Singles mit Niveau«. Ich muss kurz schlucken, als ich meine Bankverbindung angebe, um 239,40 Euro für eine Halbjahresmitgliedschaft abbuchen zu lassen. Hätten es ein guter Lippenstift und ein neues Kleid nicht auch getan?

Tag 2 – Bin ich ein Elitepartner?
Ich werde Teil der gigantischen Liebesmaschine

Mit einem Glas Weißwein und meinem Laptop sitze ich auf dem Sofa in meiner Wohnung und bereite mich auf den Aufnahmeritus einer jeden Partnerbörse vor: den Persönlichkeitstest. Achtzig Fragen, und ich bin drin, los geht's:

– Welche Jahreszeit ist Ihnen die liebste? Frühling, Sommer, Herbst, Winter
– Inwieweit treffen folgende Aussagen auf Sie zu? (zur Auswahl stehen sechs Kästchen von »trifft vollkommen zu« bis »trifft überhaupt nicht zu«):
  »Ich bin in Beziehungen öfters ziemlich nachgiebig«
  »Wenn ich kritisiert werde, reagiere ich genervt«
  »Ich sehe anderen an, was sie gerade empfinden«
– Wenn ich meine äußere Erscheinung selbst einschätzen soll, dann würde ich sagen, dass ich auf andere äußerst attraktiv wirke / sehr attraktiv / attraktiv / sehr sympathisch / dazu möchte ich nichts sagen[3]

Für den Marathon an Selbstbetrachtung bekomme ich wenig später die Urkunde zugemailt: mein Persönlichkeitsprofil. Im Herzen ein Streber, will ich gleich wissen, wie gut ich abgeschnitten habe. Doch Noten gibt's nicht. Das wäre eine kuriose Vorstellung: »Sie haben einen Marktwert von 86. Klammern Sie künftig weniger in Beziehungen, dann erreichen Sie noch in diesem Leben eine Punktzahl von 100.« Natürlich erhält man nur eine relative Zahl: Die Matchingpunkte drücken aus, wie gut ich zu anderen Singles passe.

---

[3] Eine ziemliche Fangfrage, wie ich finde: Man hat die Wahl zwischen Supermodel (äußerst attraktiv), Topmodel (sehr attraktiv) und Model (attraktiv). Wer die beiden letztgenannten Möglichkeiten ankreuzt (sehr sympathisch / dazu möchte ich nichts sagen), gibt zu, dass er sich für unattraktiv hält. Ich entscheide mich erst für »attraktiv« und verpasse mir, ich muss es leider gestehen, einige Tage später ein Upgrade.

Ich sehe mir meine Persönlichkeitsanalyse genauer an, zunächst das »Konfliktfeld« Nähe und Distanz. Der Befund überrascht mich: In meinen bisherigen Beziehungen empfand ich mich als den schwächeren, anlehnungsbedürftigen Part, das Ergebnis behauptet das Gegenteil. Ich sei in Beziehungen freiheitsstrebend, unabhängig, distanziert. Vielleicht liegt es einfach daran, dass kurz zuvor eine komplizierte Beziehung zu Ende gegangen ist? Kein Wunder, dass man unmittelbar danach eher Richtung Distanz antwortet, oder? Wie verallgemeinerbar ist das Testergebnis? ElitePartner gibt mir den Tipp, »meine Befürchtungen vor einem Autonomieverlust abzubauen«. Wow. Aha.

Im Konfliktfeld Autarkie und Versorgung liege ich im autarken Bereich: Ich neige also eher zum Alleinezurechtkommen und brauche keinen Kümmerer. Könnte sein.

Schlimm wird es beim Konfliktfeld Dominanz und Unterordnung. Viele Jahre konnte ich mir selbst gegenüber die Illusion aufrechterhalten, ich sei leicht zu handeln (trotz meiner Größe von 1,81 Meter). Von wegen: Laut ElitePartner bin ich in Beziehungen maximal dominant. »Möglicherweise haben Sie zum Teil die Tendenz, sich weniger nach anderen Menschen zu richten, und neigen etwas dazu, über andere zu bestimmen. Das könnte vom Partner als teilweise besitzergreifend erlebt werden.« Auch wenn die Wörter *möglicherweise*, *etwas* und *teilweise* die Diagnose abfedern sollen, trifft mich die Keule der Selbsterkenntnis mit voller Wucht.

Das klingt ja furchtbar. Fassungslos starre ich auf den Bildschirm. Will ein Mann mit so einer Frau zusammen sein? Mein Idealpartner liegt laut ElitePartner im Bereich »leichter Unterordnung«. Will ich mit einem solchen Mann zusammen sein? Zu viel Unterordnung würde dafür sorgen, dass sich die Extreme noch weiter ausprägen. Richtig sei ein »gesunder Abstand«, heißt es in meinem Gutachten.

Wenn ich mir das Ergebnis so anschaue, die starken Ausprägungen in meinem Persönlichkeitsprofil sehe, dann habe ich nicht mehr das Gefühl absoluter Unbesiegbarkeit wie noch zu anfangs. Im Hinblick auf meine beziehungsrelevanten Problemzonen (Dominanz!, Angst vor Autonomieverlust!) komme ich mir ziemlich durchschnittlich vor. Auf jeden Fall nicht wie ein Elitepartner.

Erste Erkenntnis: Man muss sich beim Online-Dating sehr stark mit sich selbst beschäftigen. Das hatte mir auch Christiane Schnabel, die wissenschaftliche Leiterin bei Parship, gesagt. »Der erste Schritt, um sich neu zu verlieben, ist zu wissen, wer man ist und was für ein Partner einem guttut.«

Ist das »wissenschaftlich gestützte Matching-Verfahren« also doch mehr als eine Rechtfertigung dafür, sehr viel Geld von den Abonnenten zu verlangen? Hätte ich mir womöglich Liebeskummer ersparen können, wenn ich von Anfang an besser darauf geachtet hätte, wie die »Konfliktfelder« meines neuen Partners ausgeprägt sind? Ist der Matching-Algorithmus die viel beschworene Haltbarkeitsgarantie für eine Beziehung?

2

Unterm Strich zähl ich – Wie sich die Super-Individualisten immer später binden

Als ich Sven im Juni 2011 nach vielen Jahren in einem Frühstückscafé wiedersehe, erkenne ich ihn kaum wieder: Wie er da im Anzug auf einem Barhocker sitzt, einen frisch gepressten O-Saft in der Hand und die FAZ auf den Beinen, wirkt er glatt und unnahbar. Er trägt jetzt Gel in den Haaren, und: Hat er was an seinen Zähnen gemacht? Seine Körpersprache ist raumgreifend und selbstsicher, seine Freundlichkeit wirkt ein bisschen einstudiert.

Wir haben uns seit mindestens acht Jahren nicht gesehen, waren aber immer lose in Kontakt. Daher wusste ich auch, dass er in Frankfurt arbeitet. Dass seine ältere Schwester inzwischen verheiratet ist. Und dass er zum Dreißigsten von seinen Eltern die Tumi-Vollausstattung geschenkt bekommen hat: Rollkoffer, Aktentasche, Anzug-Sack (ich war den beiden beim Kauf begegnet). Tumi, der Gepäckhersteller, hat so etwas wie den Scout-Ranzen für Erwachsene erfunden, das Rüstzeug der mobilen Generation. Und Sven ist ihr typischer Vertreter: Unternehmensberater bei Accenture, hohes fünfstelliges Jahresgehalt, Frequent Traveller bei Lufthansa – eh klar.

Der Sven Nüsslein, den ich von früher kenne, ist anders als der Tumi-Sven, und nach zwei Milchkaffees stelle ich fest, dass es diesen Teil von ihm noch immer gibt: Sven, der sich die Spiele des FSV Mainz im Pilsstübchen ansieht, ein

11-Freunde-Abo hat, Irish-Pub-Musik mag. Und rot wird, wenn ihn die gut aussehende Bedienung im Café angrinst. Früher, zu Schulzeiten und in den ersten Semestern des Studiums, hat er selbst Fußball gespielt. Er war ein guter Innenverteidiger, schaffte es – wie er nicht müde wurde zu erwähnen – trotz chronischer Trainingsfaulheit, mehrere Saisons auf Landesliganiveau zu spielen. Doch irgendwann hatte er genug vom Vereinsfußball: Durch sein Auslandssemester in Barcelona und ein Praktikum in New York war es ihm zu viel geworden. Seit er nicht mehr Fußball spielt, hält er sich mit Kraftsport und Joggen fit, das kann man schließlich in jeder Stadt. Sein großes Ziel ist der Frankfurt Marathon im Oktober, für den er sich kürzlich angemeldet hat.

So eine normale Arbeitswoche bei Sven hat sechzig bis siebzig Stunden. Von Montag bis Freitag ist er »beim Projekt«, also bei der Telekom in Bonn, bei einem Energieversorger in Leipzig oder bei einem Farbenhersteller in Franken. Ich erzähle ihm von meinem Buch und dass es mich interessieren würde, welche Rolle im Leben eines solchen High-Performers wie ihm die Liebe spiele. Sven guckt ein wenig irritiert. »Die Liebe? Darüber willst du sprechen?« Da muss er herzlich lachen.

»Ich wär dann jetzt so weit«:
Warum die Liebe heute nach der Karriere kommt

Ich kann mich noch gut an Svens erste richtige Freundin erinnern: Steffi. Sie hatten sich während seines Zivildienstes kennengelernt und blieben bis zum Ende des Grundstudiums zusammen. Steffi war ein bildhübsches, weizenblondes Mädchen – bodenständig und verlässlich. Sie studierte Lehramt, konnte Bierflaschen am Fensterbrett aufmachen und war eine gute Snowboarderin. Svens Erasmusaufenthalt in Barcelona brach der Beziehung das Genick.

Seine letzte Freundin, erzählt Sven, hatte er noch zu Diplomarbeitszeiten, das ist jetzt mehr als vier Jahre her. Seitdem »lief natürlich immer irgendetwas«, aber eben nichts Festes. Ein Mädchen hätte es in letzter Zeit gegeben, Michaela, mit der er ein paar Wochen lang eine Affäre hatte. »Ständig schrieb sie SMS und war beleidigt, wenn ich nicht gleich antwortete«, sagt Sven. Einmal habe sie ihn unangekündigt in Essen, wo er gerade dienstlich war, besucht. »Sie stand einfach am Bahnhof und wollte einen romantischen Abend verbringen – da wusste ich, das wird mir gerade viel zu viel.« Er beendete das Ganze, bevor es richtig losging. Er sagte Michaela einfach die Wahrheit: dass seine Karriere gerade Vorrang hat.

»Jetzt sind doch die Jahre, wo ich Gas geben kann. Später kann ich mein Pensum immer noch zurückschrauben und eine Familie gründen.« Er wolle erst mal gutes Geld zusammenverdienen, um sich einige lang gehegte Wünsche zu erfüllen. Eine schöne Altbauwohnung finden. Tauchen lernen. Mit dem Rucksack von Peru bis Feuerland.

So wie Sven denken heute viele: erst im Job vorankommen, sich einen Lebensstandard erwirtschaften. Wer sich über Jahre durch ein Studium, Auslandssemester und Praktika an das herangerobbt hat, was man gemeinhin Karriere nennt, der möchte sich nicht von ein paar Schmetterlingen im Bauch aufhalten lassen. Zu mühsam war der Weg, zu vereinnahmend ist nun das Leben, für das man sich abgestrampelt hat.

Der Berufseinstieg ist holprig geworden. Zwar haben gut ausgebildete Akademiker noch immer die besten Chancen auf dem Jobmarkt, doch jeder vierte 20- bis 35-Jährige absolviert heute vier Praktika und mehr. Wenn der Eintritt in ein Unternehmen erfolgt, dann meist über mehrmals befristete Verträge, über Zeitarbeit oder (Schein-)Selbstständigkeit. Eine reguläre Festanstellung direkt nach dem Studium zu bekommen ist so wahrscheinlich wie der Abstieg des FC Bayern in die zweite Liga.

Vor allem wer existentielle Sorgen hat, versucht erst mal die Ich-AG krisenfest zu machen, bevor er Verantwortung für eine Familie übernehmen will. Drei von vier jungen Erwachsenen haben Angst, im Alter zu wenig Geld zu haben. 62 Prozent der Vollzeitbeschäftigten unter dreißig beziehen laut Deutschem Gewerkschaftsbund ein Bruttoeinkommen von weniger als 2000 Euro monatlich. Vor fünf Jahren erhielten nur 51 Prozent ein so niedriges Gehalt. Unter diesen Umständen überrascht es kaum, dass das Heiratsalter innerhalb von nur zwanzig Jahren um mehr als vier Jahre gestiegen ist: Bei Männern seit 1991 von 28,5 auf 33,1 Jahre, bei Frauen von 26,1 auf 30,3.

Es ist ein permanenter Spagat, den man den heute Dreißigjährigen abverlangt – Karriere sollen sie machen, bereit sein, Opfer für den Traumjob zu bringen; und gleichzeitig Kinder in die Welt setzen, den Sozialstaat retten. Hinzu kommen die Ansprüche, die sie an sich selbst stellen – Optimierung in allen Lebenslagen: vom perfekt trainierten Körper, der noch fehlenden Zusatzqualifikation, Horizont erweiternden Reisen und einem bereichernden Sozialleben.

Unter den Eltern der heute Zwanzig- bis Vierzigjährigen gab es noch viele Paare, die miteinander erwachsen wurden. Die sich mit 18 kennenlernten, mit 23 heirateten, mit 25 Kinder bekamen und bis heute die Geschichten erzählen, wie Papa in der bescheidenen 20-Quadratmeterbude an seiner Dissertation schrieb, während Mama auf dem Bett den Nachwuchs stillte.

Der Wunsch der Frauen nach Unabhängigkeit und die zum gesellschaftlichen Imperativ gewordene Selbstverwirklichung beider Geschlechter haben dazu geführt, dass dieses

Programm immer später beginnt. Die geschlechtsreifen Groß-
städter begegnen sich zur Paarungszeit als fertige Persönlichkeiten, nach dem Motto: »Ich wär dann jetzt so weit.« Es hat
sich ein Einstellungswechsel vollzogen: Sesshaft zu werden
und eine Familie zu gründen wird heute als eine Art Belohnung für die harten Jahre der Ausbildung und des Berufsan-
fangs wahrgenommen.

Und wie soll man sich denn binden, wenn die moderne
Arbeitswelt es verhindert, Wurzeln zu schlagen? Eine Forsa-
Umfrage im Auftrag der Zeitschrift Brigitte hat ergeben:
Mehr als zwei Drittel der befragten Männer und Frauen sind
der Meinung, dass man für beruflichen Erfolg Ortswechsel
in Kauf nehmen muss. Und ebenso viele geben an, dass eine
feste Beziehung sie nicht davon abhalten würde, eine berufliche Chance in einer anderen Stadt wahrzunehmen.

Der Eindruck, dass die Liebe für Millionen von Paaren
etwas ist, was in der Zeit zwischen Freitag- und Sonntag-
abend stattfindet, eingepasst in die Abfahrtszeiten von Pend-
lerzügen, Mitfahrgelegenheiten und Businessfliegern, lässt
sich durch handfeste Zahlen belegen: Jeder fünfte Unter-Drei-
ßigjährige lebt in einer »bilokalen Partnerschaft«, zu Deutsch:
führt eine Fernbeziehung, besagt eine Studie des Bundesinsti-
tuts für Bevölkerungsforschung. Auf die Grundgesamtheit be-
zogen gehen Wissenschaftler davon aus, dass heute bei rund
neun Prozent der Paare Liebe und Karriere nicht am selben
Ort stattfinden. Jeder führt sein eigenes Leben – da ist es kein
Wunder, dass Paare immer später gemeinsam sesshaft werden.

In einer bestimmten Lebensphase wird die Berufs- und Liebesbiografie als unvereinbar erachtet – etwa von Sven, der
sich erst um das eine kümmern möchte, bevor er das andere
angeht. Doch auch unter den gut ausgebildeten Frauen gibt
es viele, die misstrauisch geworden sind gegenüber dem warmen Kokon einer Zweierbeziehung. Eine Online-Daterin,

mit der ich für das Buch gesprochen habe (Clara aus dem fünften Kapitel) sagte sogar: »Ich habe bemerkt: Jedes Mal, wenn ich eine Beziehung hatte, ging es im Job nicht so recht voran. Meine Karrieresprünge habe ich immer gemacht, als ich Single war.«

Doch es ist nicht so, dass die heute Dreißigjährigen nur die kühlen Designer ihres beruflichen Lebenslaufs wären. Im Gegenteil, die Krisenrhetorik der Nuller-Jahre (Terror, Klimakatastrophe, Überalterung) blieb nicht ohne Folgen: Junge Erwachsene sehnen sich nach einem Partner an ihrer Seite. Werte wie Beziehung, Freundschaft und Familie stehen weiter ganz oben, wenn sie nach dem Sinn des Lebens gefragt werden.

Und so bezeichnet die Boston Consulting Group diese Altersgruppe folgerichtig (wenn auch etwas gaga) als »Generation Überraschungsei«. Damit ist nicht etwa die Unfähigkeit gemeint, erwachsen zu werden, sondern der Wunsch, alles gleichermaßen anzustreben – wie im Slogan »Spannung, Spiel und Schokolade«: eine erfolgreiche Karriere, eine spaßorientierte Freizeit und eine erfüllende Beziehung.

Nur eben alles zu seiner Zeit – so kann man auch Svens Lebensplan zusammenfassen. Projekt Karrieresprung. Projekt Tauchen lernen. Projekt Liebe fürs Leben finden. Sorgen, dass sich eine erfüllende Beziehung nicht auf Knopfdruck ins Leben zaubern lässt, hat er keine. »Ich hatte nie Probleme, Frauen kennenzulernen«, sagt er, sein Siegerlachen im Gesicht, »das wird dann schon, wenn es so weit ist.«

Nachdem wir gezahlt haben, frage ich Sven noch nach seinen Eltern. Ich war ihnen kürzlich nach langer Zeit mal wieder über den Weg gelaufen und hatte ein wenig mit ihnen geplaudert. Sein Vater Geo ist Allgemeinarzt, Helga, seine Mutter, eigentlich Fremdsprachenkorrespondentin, die nach der Kinderpause – sie blieb für Sven und seine Schwester insgesamt vierzehn Jahre zu Hause – nicht mehr in ihren alten

Job zurückkehrte, sondern als Sprechstundenhilfe in der Praxis ihres Mannes anfing. Ich hatte mich gefreut, sie neulich in der Stadt wiederzusehen.

Wie geht's eigentlich Helga und Geo? »Ach, passt schon. Die reisen viel. Haben sich halt arrangiert irgendwie.« 39 Jahre sind seine Eltern inzwischen verheiratet. Ich erinnere mich, dass Sven früher mal erwähnte, die Ehe krisele.

»Das Schlimme ist«, sagt er und kratzt mit dem Löffel den restlichen Milchschaum aus seiner Kaffeetasse, »dass meine Mutter vor uns Kindern nicht mehr verbergen kann, dass sie nicht glücklich ist. Die ist richtig verbittert. Vor zehn Jahren flüsterte sie mir immer noch verschwörerisch zu: ›Nichts gegen deinen Vater, aber vielleicht lass ich mich einfach scheiden und fange noch mal ganz von vorn an‹. Das sagt sie jetzt nicht mehr. Sie weiß, dass sie aus dieser Ehe nicht mehr rauskommt. Das würde allein finanziell nicht gehen.« Die Unzufriedenheit habe ihre Lippen schmal werden lassen und ihr Haar weiß. Jetzt, wo Sven es so erzählt, erscheint mir die Begegnung mit seinen Eltern in einem anderen Licht.

Vielleicht hat Sven von seiner Mutter ja doch mehr geerbt als die eisbonbonfarbenen Augen: ein tief sitzendes Unbehagen vor den Spätfolgen fester Beziehungen. Vor diesem Sich-Fügen in Rollen, das mit einer nicht aufgehobenen Tennissocke des Mannes anfängt, sich in der klassischen Haushaltsteilung fortsetzt und letztlich in der finanziellen und emotionalen Abhängigkeit eines Partners endet. Diese ganz bestimmte Unzufriedenheit, wie sie nur manche lange Ehen hervorbringen, eine Bitterkeit, die mit permanentem Genörgel artikuliert oder mit Alkohol ertränkt wird.

»Wir definieren es nicht« –
Die Konjunktur unverbindlicher Beziehungsformen

Ich wollte mit der Frage nach Helga und Geo eigentlich bloß unser Gespräch beenden, und doch geht mir vor allem der letzte Teil unserer Unterhaltung noch viele Tage im Kopf herum. Sven ist nicht der Einzige, den ich kenne, der sagt, dass er nicht mehr so gerne zu seinen Eltern fährt.

In meinem Freundes- und Bekanntenkreis gibt es drei Arten von Eltern: Da sind die, die inzwischen dreißig bis vierzig Jahre verheiratet und mehr oder weniger glücklich sind. Dann gibt es die geschiedenen Eltern, die neue Partner haben und diese mitunter alle paar Jahre wechseln. Und zuletzt die dritte Gruppe: Eltern, die ebenso lange zusammen sind wie die erste Gruppe, sich aber entweder permanent streiten oder in einer schweigenden Gleichgültigkeit nebeneinanderher leben.

Jeder dieser Elterntypen prägt das Beziehungsverständnis der Kinder: Ich habe Freunde, die in einem wahr gewordenen Wüstenrot-Werbespot groß geworden sind und dieses Lebensmodell so sehr verinnerlicht haben, dass es ihnen gar nicht schnell genug gehen kann mit Partnerfinden, Für-ein-Eigenheim-Verschulden und Kinderkriegen.

Die zweite Gruppe, die Scheidungskinder, bekommt Panik, wenn ein Mensch mehr von ihnen will als einen Kaffee am Morgen nach dem One-Night-Stand. Oder werfen sich überkompensativ einer Retterfigur in die Arme – nur um ja alles anders zu machen als Mama und Papa.

Und dann gibt's die, die dem Lebensmodell ihrer Eltern ambivalent gegenüberstehen: Sie wünschen sich die dauerhafte Beziehung, aus der Kinder hervorgehen, aber sie haben einen extrem geschulten Blick dafür, wo die Risse in diesem Glücksprojekt sind, die Sollbruchstellen, durch die die Unzufriedenheit ins Beziehungsgebäude sickert und eine Bitterkeit hinterlässt, die nach verpassten Lebenschancen und Reue schmeckt. Die Kinder dieses dritten Elterntyps sind prinzipiell bindungswillig, aber dauerskeptisch. Hinter Verlässlichkeit vermuten sie Langeweile. Hinter Treue Bequemlichkeit.

Viele Kinder dieses Elterntyps behelfen sich mit dem, was Sven mit »irgendwas läuft immer« meinte. Darunter fällt vieles: Affären, Halbbeziehungen, One-Night-Stands und »Friends with benefits«, also Freundschaft mit gelegentlichem Sex.

Die Konjunktur dieser verhältnismäßig neuen (oder zumindest neu etikettierten) Spielarten zeigt, dass man sich heute in einer bestimmten Lebensphase bewusst gegen die klassische Zweierbeziehung entscheidet: Diese wird nicht mehr nur als Garant für ökonomische und emotionale Sicherheit und Stabilität wahrgenommen, sondern als etwas, das einen einschränkt; hinsichtlich der »Lebenschancen«, der Wahl des Wohnorts und des Jobs. Und natürlich auch, was die »Liebeschancen« angeht, die Tausenden verpassten (sexuellen) Gelegenheiten, die man in einer monogamen Zweierbeziehung sausen lassen muss. Und so wägen Sven und seine Altersgenossen ganz rational ab: Für welche Person, für welches Beziehungsmodell bin ich bereit, bestimmte Freiheiten aufzugeben? Was habe ich davon? Die Liebe ist zu einer Kosten-Nutzen-Rechnung geworden. Das Paradox der Liebe – von Erich Fromm vor mehr als fünfzig Jahren beschrieben –, »dass zwei Wesen eins werden und doch zwei bleiben«, ist so aktuell wie nie. Die Angst vor Freiheitsverlust und Selbstaufgabe in einer Beziehung beherrscht die Zwanzig- bis Vierzigjährigen heute.

Und auch unter denen, die liiert sind, ist der Wunsch nach Selbstverwirklichung und Unabhängigkeit seit Ende der Neunziger Jahre gestiegen. Männer und Frauen sehnen sich zwar unverändert nach Intimität, wollen aber ihre Unabhängigkeit nicht aufgeben. Besser man legt sich erst gar nicht fest.

Bindungsangst ist ein schwer messbares Phänomen, aber es gibt Indikatoren: Von den 20- bis 35-Jährigen lebt jeder Vierte allein, insgesamt vier Millionen Menschen. Vor zwanzig Jahren war es noch jeder Sechste. Die Scheidungsrate war im Jahr 2010 so hoch wie nie zuvor in Deutschland.

Unter den 35- bis 37-Jährigen ist jeder Fünfte Single, wobei zwar rund neunzig Prozent von diesen sagen, dass sie auf der Suche nach einem Partner sind. Nur: Das schließt ja nicht aus, dass sie gleichzeitig in irgendeiner Affäre oder Halbbeziehung stecken, gemäß dem Motto: Ich guck mal, vielleicht kommt ja noch was Besseres.

Die Suche lässt sich schließlich unendlich fortsetzen. »Bis du den Richtigen triffst, nimm mich« heißt ein Lied von Bernd Begemann, das dieses Lebensgefühl sehr treffend beschreibt: Zwischen selbst gewählter Ungebundenheit und einer festen Paarbeziehung gibt es Zwischenformen, Übergangslösungen, die für beide Beteiligten passen – bis man eben den Richtigen oder die Richtige trifft.

Vor allem die Halbbeziehung hat so Karriere gemacht. »Wir definieren es nicht« ist der häufigste Satz, den man von den Steffis und Matzes, den Jans und Kathrins hört, die zwar miteinander Sex haben und am Geburtstag anrufen, aber Fluchtreflexe beim Gedanken bekommen, die Eltern des anderen kennenzulernen.

Auch Svens Geschichte mit Michaela war eine solche Halbbeziehung. Am Anfang fand der Unternehmensberater Michaela aufregend und ein bisschen verrucht. Einmal, erzählt er, sei sie nach dem Sex aus seiner Wohnung verschwunden und habe ihren Slip dagelassen – er war um eine Shampooflasche im Bad gelegt, so dass er gar nicht anders konnte, als ihn noch mal in die Hand zu nehmen. So was gefiel Sven. Bedeutungsschwangere SMS und Spontanbesuche am Bahnhof gefielen ihm dann schnell nicht mehr.

»Dabei hätte man von außen durchaus denken können,

dass wir ein Paar sind«, gibt Sven zu. »Ich bin beim Fußball-
gucken mit den Jungs nicht aus dem Raum, wenn sie angerufen hat. Ich hatte eine Zahnbürste und ein paar Hemden
in ihrer Wohnung.« Dinge, die für eine klassische Affäre un-
denkbar wären: ein gewisses Maß an Verbindlichkeit und sexueller Treue.

Einer Halbbeziehung liegt der implizite Vertrag zugrunde,
dass das, was ist, das ist, was beiden gerade reicht. Ein bemerkenswert rationaler Prozess: Sich schon vor dem Beginn
einer Liebesgeschichte dafür zu entscheiden, wohin das führen soll: nämlich nicht weit. Die Halb-Zusammenen legen ihrem Gefühlshaushalt ein Sparziel auf – und halten im Verlauf
der Halbbeziehung eisern daran fest. So gut es geht zumindest. Erfahrungsgemäß will nach einer Weile einer doch mehr.
»Alle Lust will Ewigkeit / Will tiefe, tiefe Ewigkeit« – da war
sich schon Nietzsche sicher.

Besonders häufig findet sich die Halbbeziehung bei frisch
Getrennten, die sich nicht gleich wieder binden wollen. Gerade aus einer langen, womöglich als einengend empfunde-
nen Beziehung entlassen, haben sie Angst, sich früh erneut
festlegen zu müssen. Doch es gibt auch die chronisch Bin-
dungsängstlichen: Sie streben nach der Daueraufregung einer
Halbbeziehung, weil sie Angst vor der Vergänglichkeit der
Leidenschaft haben. Weil sie fürchten (und wissen), dass man
mit einer Beziehung auf Dauer den heißen Sex gegen Verlässlichkeit und Sicherheit eintauscht.

Warum ist das eigentlich so? Auch hierfür liefert die israelische Soziologin Eva Illouz eine schlüssige Erklärung – eine
Analogie zum menschlichen Konsumverhalten. Ökonomen
gehen davon aus, dass bei Konsumenten ein zu hohes Erregungsniveau zu Unbehagen führt, während ein zu niedriges
Niveau Langeweile zur Folge hat, schreibt sie in ihrem Aufsatz »Zur postmodernen Lage der Liebe«. Lustgefühle ent-
ständen, indem man von einem zu hohen oder zu niedrigen

Erregungsniveau auf das Niveau des optimalen Wohlbefindens zurückkehre. »In unserem Kontext heißt das, dass Beziehungen, wenn sie angenehm, d. h. ›erregend‹ sein wollen, die Behaglichkeit opfern müssen – zumindest periodisch. Das heißt jedoch auch, dass erregende Beziehungen dazu ›verdammt‹ sind, in Behaglichkeit zu enden und (…) in Langeweile.«

Die Furcht vor ebendieser Langeweile treibt Menschen in Halbbeziehungen – wohin man schaut, jeder kann eine solche nichts-Halbes-und-nichts-Ganzes-Geschichte erzählen. Dabei führt nicht selten der rationale Vorsatz der Unverbindlichkeit des einen (»Egal wer mir jetzt über den Weg läuft – ich will derzeit einfach nichts Festes«) beim anderen zu der sehnsuchtsvollen Hoffnung, das Zwischennutzungsrecht könne ausgeweitet werden. Ausgerechnet der, der mit seinen Gefühlen haushaltet und sich bei zu viel Nähe zurückzieht, wird für den anderen interessant: Er erzeugt einen emotionalen Engpass, und der ist reizvoller als ein Überangebot.

Meine Freundin Verena erzählte mir neulich, dass sie seit mehr als einem halben Jahr »was mit einem Typen habe«, wie das heute so schön heißt, und in diesem undefinierten »etwas« liege das ganze Problem: Sie sähen sich mindestens zwei Mal pro Woche, kochten gemeinsam, schauten Tatort, hätten Sex – »totales Pärchenprogramm«, sagte sie und riss die Augen dabei auf. Aber er wolle nicht von Beziehung sprechen, weil er sich nun mal vorgenommen habe, seit seiner letzten Beziehung mindestens ein Jahr zu warten und das Single-Leben zu genießen. »Wie verkopft ist das denn?« – Meine Freundin versteht die Welt nicht mehr. Eine andere Münchnerin, die ich für das Buch interviewt habe, beschwerte sich, weil der Mann, mit dem sie seit einer Weile schlief, ständig die Grenzen übertrat, die er in Form der Halbbeziehung selbst aufgestellt hat: Er guckt sie nach dem Sex jedes Mal verliebt an. Hält sie fest umschlungen. Flüstert »Bitte geh nicht«. Und lässt doch keinen Zweifel daran, dass er keine Beziehung mit ihr möchte. Jedes Mal, wenn sie mehr will, entziehe er sich. Es gibt kein Regelwerk fürs Halbzusammensein, keine Konvention, was geht und was nicht. Und das erhöht die Wahrscheinlichkeit für emotionale Kollateralschäden.

Sven Hillenkamp, der Autor des Bestsellers »Das Ende der Liebe«, hat im Tagesspiegel geschrieben: »Die freien Menschen nehmen keine Auswahl, die sich ihnen bietet, als endgültig hin. Tiere stellen eine Auswahl möglicher Partner, die sie vor Augen haben, nicht in Frage. Sie überschreiten diese nicht durch eine Suche an einem anderen Ort, schieben ihre Wahl nicht bis zum nächsten Jahr auf, in der Hoffnung, die Auswahl werde dann eine bessere sein.« Aber genau das ist es, was der Bekannte meiner Freundin Verena abklären will: Ob die Auswahl nach einem Jahr des Sich-nicht-Festlegens eine bessere ist. Zur Kasse gehen oder den Einkauf fortsetzen? Das ist die Frage, die sich alle Halb-Zusammenen und Affären-Inhaber stellen.

Die Crux ist: Je mehr Optionen wir haben, desto schlechter können wir uns entscheiden. Das konnten auch die Forscher der Universität von Chicago in Zusammenarbeit mit dem Psychologen Dan Ariely zeigen: Sie fanden heraus, dass Online-Dater sich mit weniger als einem Prozent der Leute, deren Profile sie durchklicken, zu einem Treffen verabreden. Beim Speeddating jedoch, wo man in der Regel höchstens ein Dutzend Kandidaten zur Auswahl hat, sind die Chancen viel höher, jemanden kennenzulernen: Der durchschnittliche Teilnehmer verabredet sich am Ende mit mindestens einem von zehn Kandidaten. Schlicht deshalb, weil die Auswahl begrenzt ist und er weiß: Besser wird's nicht – ich muss mich jetzt entscheiden.

»Das eine hat mit dem anderen nichts zu tun« – Die Trennung von Sex und Liebe

Vor allem das Internet hat die Entstehung dieser Zwischenwelt menschlicher Beziehungen ermöglicht. Ein ganz neues Segment im umkämpften Markt des Online-Datings jagt den klassischen Partnerbörsen wie Parship und ElitePartner (zu diesen mehr in Kapitel 3 und 4) derzeit massiv Marktanteile ab: Casual Dating, die jugendfreie Umschreibung für Flirts, die darauf ausgerichtet sind, dass man miteinander ins Bett geht.

Das »Bunga-Bunga-Business«, wie es die Wirtschaftswoche genannt hat, boomt, der Umsatz von Casual-Dating-Seiten hat sich 2010 verdoppelt. Tüv-besiegelt, mit Sicherheit und Anonymität werbend und stilvoll aufgemacht wollen sich immer mehr Anbieter vom Image des Bumsbasars befreien – und vor allem Frauen auf ihre Seiten locken. Die blieben bei ähnlichen Angeboten früher fern. Die derzeit erfolgreichste Casual-Dating-Seite ist C-Date – die im Look eines Dessousherstellers der Luxusklasse daherkommt. Daneben gibt es unter anderem Secret, einen Ableger der Telekom-Tochter FriendScout24, und Prime Date, das der ehemalige Parship-Geschäftsführer Arndt Roller gegründet hat. Manche der Portale machen keinen Hehl daraus, Seitensprünge zu vermitteln (»meet2cheat«), andere verklausulieren die Anstiftung zur Untreue und werben mit positiver besetzten Begriffen wie Zwanglosigkeit, Spontaneität, Abenteuer. Die Message an die User ist dieselbe: Hier findet sich alles, was Beziehung *nicht* ist. Aufregender Sex (»endlich Fantasien ausleben«) wird gegen das Konzept einer festen Beziehung ausgespielt: »Lockeres Kennenlernen ohne Verpflichtungen«, heißt es auf der Startseite von C-Date. »Casual Dating lässt Erwachsene den direkten Weg zur eigenen Befriedigung finden, ohne eine Bindung eingehen zu müssen.« Die Beziehung als etwas, das einen nicht nur in Sachen beruflicher Selbstverwirklichung behindert, sondern auch auf dem Weg zur sexuellen Selbstverwirklichung. Ein Spießergefängnis eben.

Die 68er waren die Ersten, die den Sex aus der Zwangsehe mit der Liebe befreiten. Es sind die heute Dreißig- bis Vierzigjährigen, die davon am meisten profitieren, denn erst das Internet hat revolutioniert, wie man diese Trennung von Sex und Liebe effektiv und moralisch einwandfrei organisieren kann. Diese Generation muss sich nicht mehr zwischen Single-Sein und Paarbeziehung entscheiden. Ihr hat sich eine Zwischenwelt geöffnet, dieselbe Art von Zwischenwelt, die vor allem die Jüngeren unter ihnen längst aus anderen Lebensbereichen kennen: Du kannst diesen Job haben, aber er ist befristet. Du kannst diese Wohnung haben, aber es ist nur vorübergehend. Und du kannst regelmäßig mit mir schlafen, aber ich will nichts Festes.

An Casual Dating zeigt sich, wie sich vor allem bei Frauen der Umgang mit Sex verändert hat. Er ist zu einer »Art Freizeitbeschäftigung mit Wellness-Charakter« geworden, wie es der französische Soziologe Jean-Claude Kaufmann formuliert. Rein an Sex interessiert zu sein – ohne das Vehikel einer Beziehung –, ist wesentlich stärker anerkannt als früher. Mussten vor allem Männer in der Vergangenheit für das unverbindliche sexuelle Erlebnis noch falsche Tatsachen vorspielen, wird unverbindlicher Sex heute offen und einvernehmlich arrangiert.

Das wesentliche Merkmal dieser verabredeten Abenteuer besteht jedoch nicht in ihrer Virtualität, sondern in der Flüchtigkeit der realen Begegnung. Das Internet ist lediglich der virtuelle Raum, in dem sie initiiert werden, eine Art Separee, in dem man frei von den moralischen Urteilen anderer die Auslebung sexueller Bedürfnisse organisieren kann. Suche: Unterleibszweckgemeinschaft, biete: mich.

Michael, ein 45-jähriger Online-Dater aus Frankfurt, sagte

mir in einem Interview: »Der größte Quatsch ist doch, dass diese Flirt- und Single-Portale mit der Liebe werben. Die meisten nutzen die doch für was anderes. Es ist ein bisschen wie ins Bordell zu gehen: Gegen Bezahlung bekommt man Kontaktadressen.« Zugegeben, eine extreme Sicht, vor allem vor dem Hintergrund, dass Michael selbst seine große Liebe bei Datingcafe.de gefunden hat: Anne, mit der er inzwischen eine Tochter hat (»Das mit Anne war ein glücklicher Zufall«).

Interessant aber ist, dass Michael den Supermarkt des Zwischenmenschlichen nicht als High-End-Warenhaus betrachtet, sondern als Discounter, wo man dem schnellen, unverbindlichen Konsum frönt. Aus seinen Aussagen spricht der Wunsch nach Distinktion: Wie viele Online-Dater, die sich für ein bestimmtes Portal entschieden haben, grenzt er sich von anderen ab. »Bei FriendScout sind ja nur Leute, die auf Sex aus sind« oder »Bei finya geht's ja nur um das eine« – solche Sätze habe ich bei meiner Recherche immer wieder gehört. Die Haltung: Da, wo wir uns kennengelernt haben, ging es niveauvoll zu, aber woanders, da sind nur Leute, denen es um schnellen Sex geht.

Es ist ganz auffällig: Je nachdem, welches Suchprogramm gerade läuft – »Ich will nur Spaß« oder »Ich suche was Festes« –, wird das Wertesystem austariert: Ein Mann, der auf der Suche nach einer Beziehung ist, sieht auf eine Frau, die am ersten Abend mit ihm ins Bett geht, herab. Sie kommt als »Beziehungsmaterial« nicht mehr in Frage, weil es so einfach war, sie in die Kiste zu bekommen. Ein Mann, der nur auf ein Abenteuer aus ist, ermuntert eine Frau, am ersten Abend mit ihm zu schlafen, und bewundert sie für ihre selbstbestimmte Sexualität.

Frauen kommt die absurde Aufgabe zu abzulesen, mit welchem Typ Mann sie es gerade zu tun haben. Weil das nicht immer einfach ist, steht ihnen ein ganzes (vor allem amerikanisches) Ratgebersegment zur Verfügung, das ihnen erklärt, wie man einen Mann »an sich bindet«: Titel wie »How to find a man and keep him« oder »So finden und fesseln Sie die Liebe Ihres Lebens« sind unglaublich erfolgreich. Die Bindungsangst des einen Geschlechts hat zu Fesselspielen beim anderen geführt. Wobei die Tipps in diesen Büchern überschaubar sind und sich mit »Mach dich rar« und »Hab nicht gleich am ersten Abend Sex« zusammenfassen lassen.

So einfach vieles geworden ist, seit wir den Sex von der Liebe entkoppelt haben, so viele emotionale und politische Folgen hat es. Haben die Frauen in ihren Zwanzigern verinnerlicht, dass ein sexuell selbstbestimmtes Leben, wie es ihnen die Popkultur in Form von »Sex and the City« vorgelebt hat, möglich ist, müssen sie mit Anfang dreißig erkennen: Die Macht in diesem Spiel haben noch immer die Männer – schlicht deshalb, weil sie es sich biologisch leisten können, sich nicht festzulegen. Sie können noch mit Mitte sechzig oder später eine Familie gründen, wie Ulrich Wickert (mit 70), Fritz Wepper (mit 70) und Rupert Murdoch (mit 72) unter Beweis gestellt haben. Frauen nicht. So können Männer sich emotional bedeckt halten und trotzdem aus einem Überangebot an bindungswilligen Frauen schöpfen. Und unter den Frauen herrscht, wie es die ZEIT kürzlich formulierte, »Hektik wie vor Börsenschluss«.

Es scheint, als zwinge der biologische Vorteil der Männer die Frauen zu einem überkommen geglaubten Rollenverhalten. Dazu passt, was die Psychologin Anne Campbell von der Universität Durham herausgefunden hat: Deutlich mehr Frauen als Männer verspüren nach einem One-Night-Stand Unbehagen. Nur 47 Prozent von 1700 befragten Frauen gaben an, das Einmal-Erlebnis durchweg positiv gefunden zu haben, im Vergleich zu 80 Prozent bei den Männern. Während diese dazu tendierten, ihren Freunden von dem Erlebnis zu erzählen, fürchteten Frauen stärker um ihren Ruf und behielten das einmalige Erlebnis eher für sich.

Wir Selbstdarsteller – Warum es uns so schwerfällt, uns auf andere einzulassen

Bevor ich mit meinem alten Bekannten Sven zum Frühstück verabredet war, hatte ich mich im Internet über ihn auf den neuesten Stand bringen wollen: Bei Xing lächelte mir ein fachmännisch abgelichteter Anzugträger entgegen, der sich in dem Businessnetzwerk mit einem beeindruckend lückenlosen Lebenslauf präsentierte – gespickt mit englischen Vokabeln, unter denen ich mir wenig Konkretes vorstellen konnte: Senior Analyst, Internal Operations irgendwas. Es roch nach Karriere.

Für sein privates Profil bei Facebook hatte Sven ein Bild von sich im dunkelblauen Polohemd gewählt, er sitzt am Strand und guckt nachdenklich auf die Wellen, ich tippte auf Hawaii. In Svens Facebook-Alben fand ich noch weitere Bilder von Fernreisen, allesamt bestens als Fototapete geeignet. Natürlich empfand ich schlagartig jenen Sozialneid, wie ihn nur die Urlaubsbilder anderer Leute bei Facebook auslösen können. Herumgekommenheit als neues Statussymbol. Unter seinen Fotos war kein einziges Partybild. Keine ironischen Hüte. Eine sorgsam kuratierte Auswahl, auf jedem Bild sah Sven in einer markuslanzigen Art gut aus.

Doch genauso wie die englischen Worthülsen in seiner Jobbeschreibung bei Xing mir keinen Eindruck davon vermitteln, ob Sven in seiner Unternehmensberatung wirklich hoch in der Hierarchie stand und – noch viel wichtiger – ob ihm sein Job eigentlich Spaß machte, hatte ich vor dem Treffen keine Ahnung, ob es bei seiner Hawaiireise nicht doch die Hälfte der Zeit geregnet oder das Hotel an eine Baustelle gegrenzt hat.

Svens Online-Profile waren ein Auftritt, eine PR-Maßnahme in eigener Sache. »Broadcast yourself« – der YouTube-Slogan steht für eine Generation leidenschaftlicher Selbstdarsteller, die mit der Inflation von Digital- und Handyfotografie und dem Web 2.0 die passenden Werkzeuge an die Hand bekommen hat.

Es hat wie gesagt zwei Milchkaffees und eine lange Unterhaltung bedurft, um zumindest zu erahnen, wer sich hinter dieser Fassade verbarg: ein Mann, der Angst hatte, dass die Beziehung zu einer Frau seine Energie fressen könnte, ihn abbringen würde von seinem beruflichen Weg. Und der eine grundsätzliche Skepsis empfand für die Glücksversprechen langer Beziehungen.

Wie die meisten seiner Generation hat auch Sven gelernt, sich überall und allezeit zu verkaufen, und er macht das so gut, dass es anderen Menschen schwerfällt, hinter die Kulissen seiner Show zu schauen, zu seinem wahren Ich vorzudringen; wobei ich darunter nicht die Castingshow- und Politikberater-Vokabel »Authentizität« verstehe (diese ist in aller Regel nur eine einstudierte Form des Echt-Wirkens): Ich meine den Unterschied zwischen dem, was wir sein wollen, und dem, was wir sind. Das hat sich irgendwie vermischt.

Als »professioneller Dampfplauderer«, wie Sven sich im Hinblick auf seinen Beraterjob gerne bezeichnet, »performt« er wahrscheinlich auch bei Dates: unerschütterlich selbstbewusst und tendenziell ichbezogen. Doch nicht nur ich, bestimmt auch das Mädchen, das Sven nach Essen hinterhergereist ist, dachte: Wo finde ich den echten Sven? Ist da unter dem Firnis von Weltgewandtheit und Tumi-Checkertum etwas, das meine Seele berührt?

Die Psychologin Jean Twenge von der San Diego State University nennt Sven und seine Altersgenossen, die nach dem Pillenknick in den Siebzigern groß geworden sind, die »Generation Me«. Als Wunschkinder auf die Welt gekommen, von ihren Eltern immerfort ihrer Einzigartigkeit versichert, greifen diese ganz selbstverständlich nach dem Besten in allen Lebensbereichen. Gleichzeitig sind sie mit den Imperativen der Leistungsgesellschaft aufgewachsen, sie haben sich daran gewöhnt, permanent im Vorstellungsgesprächsmodus zu sein. An der Ichbezogenheit der Partnersuchenden von heute zeigt sich einer der deutlichsten Unterschiede zum romantischen Ideal des 19. Jahrhunderts. Die Liebe, wie sie in Gedichten von Novalis, Goethe und Eichendorff beschrieben wurde, war eine Hingerichtetheit auf einen anderen, eine Selbstaufgabe der eigenen Person; was zählte, war allein das Gefühl. Heute lautet die indirekte Frage an jeden potentiellen Partner: Was kannst du mir bieten? Erst wenn die Rahmenbedingungen erfüllt sind, kommt das Herz ins Spiel.

16 000 Studenten hat die Psychologin Twenge über zwanzig Jahre hinweg im Rahmen ihrer Langzeitstudie befragt. Ihr Fazit: So selbstfixiert wie die Studenten der Nuller-Jahre ist keine Generation vor ihr gewesen. Die Zustimmungswerte zu Fragebogenaussagen wie »Wenn ich die Welt beherrschen könnte, wäre sie ein besserer Ort« oder »Ich finde, ich bin eine spezielle Person« sei dreißig Prozent höher als noch 1982. Der durchschnittliche Student erreichte 2006 fast so hohe Werte wie der Durchschnitt einer Vergleichsgruppe aus zweihundert Schauspielern und Musikern, die denselben Fragebogen ausfüllten – bisher galten Prominente als deutlich narzisstischer als Normalbürger. Mit drastischen Worten spricht Twenge von einer »Epidemie des Narzissmus«.

Allein an dem inflationär gewordenen Satz »Ich brauche mehr / mal wieder Zeit für mich« sieht man, wie diese Form des Egoismus gesellschaftsfähig geworden ist: Mit dem Startsignal zum Egotrip werben nicht nur Teesorten, Duschgels und Eiscremes, er ist auch in den Phrasenschatz jedes berufstätigen Dreißigjährigen übergegangen. Als wären sie Rockstars, die dauernd Interviews geben müssen, hört man die High-Performer allenthalben hecheln: »Nach dieser Woche / diesem Projekt / dem Stress der letzten Tage brauche ich erst mal Zeit für mich«. Wie soll in das enge Korsett aus beruflicher Selbstverwirklichung und Me-Time noch ein Partner eingepasst werden, der ebenfalls einen eigenen Lebensplan hat und beruflichen Zwängen unterliegt?

»Im Moment passt es mir gar nicht« – Ein neues Verständnis von Bindung

Die Bindungsangst meines alten Bekannten Sven ist nicht nur ein Problem für die Frauen, die er trifft, sondern vor allem für Angela Merkel. Wenn junge Menschen in Deutschland später oder gar keine Bindungen eingehen, heißt das: weniger Kinder, und weniger Kinder bedeuten ächzende Kranken- und Sozialkassen.

Um ein möglichst exaktes Bild »der partnerschaftlichen und familialen Lebensformen in Deutschland« zu bekommen, wurde 2008 Pairfam ins Leben gerufen. Eine Längsschnittstudie so groß und umfassend wie keine vor ihr: mit mehr als 12 400 Männern und Frauen aus drei Alterskohorten, die über einen Zeitraum von vierzehn Jahren hinweg zu verschiedenen Themen befragt werden. Das übergreifende Forschungsprojekt der TU Chemnitz, der Universität Bremen und der LMU München will nichts Geringeres als die Wahrheit über die Liebe in Deutschland herausfinden.

In einer der ersten Befragungswellen von Pairfam wurde auch nach dem Beziehungswunsch der Deutschen gefragt. Das überraschende Ergebnis: Bei Single-Männern lässt der Wunsch nach einer Partnerin mit zunehmendem Alter nach, bei Frauen steigt er mit dem Alter an. Einer von fünf Männern zwischen 35 und 37 gibt an, keine Beziehung zu wollen, wohingegen dies nur eine von zehn Frauen in diesem Alter sagt. Auch wenn die Zustimmungswerte insgesamt hoch erscheinen: Auf die Grundgesamtheit gerechnet entsteht eine große Diskrepanz zwischen Männern und Frauen, Tausende Frauen stehen miteinander im Wettbewerb. Denn die obige

Zahl heißt nichts anderes, als dass es doppelt so viele Single-Frauen gibt, die sich nach einer festen Partnerschaft sehnen, wie Single-Männer.

Die Super-Individualisten tun sich schwer mit der Liebe: Auf ihrer fein ausgeklügelten Liste mit Lebensprojekten rutscht sie immer weiter nach hinten. Erst noch das Auslandssemester, das Praktikum, die Probezeit, dann der Karrieresprung.

Natürlich, und das sieht man auch an den Pairfam-Zahlen, streitet kaum einer ab, dass er gerne eine erfüllende Beziehung eingehen möchte – aber viele biografische Einzelentscheidungen führen dazu, dass dieser Wunsch in Konkurrenz zu anderen Lebenszielen steht. Keiner will sich heute vorwerfen lassen, aus romantischen Gründen eine berufliche Chance ausgeschlagen zu haben. Der »Griff nach den Sternen des Ichs«[4] erscheint reizvoller.

Während man seine Karriere vorantreibt und kaum Zeit für eine ernsthafte Beziehung hat, kann man sich – wie Sven – mit Sex-Abenteuern oder Halbbeziehungen das nötige Maß an zwischenmenschlicher Nähe holen. In der neuen Welt der Liebe werden Beziehungen immer öfter als Hindernis auf dem Weg zu Selbstverwirklichung und individuellem Aufstieg gesehen. Die Super-Individualisten von heute sind sich selbst die besten Lover. Sie halten sich, um es mit dem Berliner Autor Malte Welding zu sagen, für solch kostbare »Sonderanfertigungen«, dass sie es kaum schaffen, unter »der Ramschware des Beziehungsmarktes« etwas Vergleichbares zu finden.

Die mediale Inszenierung der eigenen Person, etwa in den sozialen Netzwerken des Internets, ist ein Weg, sich seiner selbst zu vergewissern und Antworten auf die Fragen zu bekommen: Wie ist mein Marktwert? Habe ich Stil? Bin ich witzig? Kann ich mitreden? Aber sie führt eben auch zu einer

---

4 Ulrich Beck / Elisabeth Beck-Gernsheim

narzisstischen Tendenz, der Blick für die Bedürfnisse und Eigenheiten anderer Menschen geht verloren.

»How to be your own best friend. Ist das die einzige Hoffnung, die bleibt?«, fragen die Soziologen Ulrich Beck und Elisabeth Beck-Gernsheim in ihrem Buch »Das ganz normale Chaos der Liebe«. Geht es also darum, sich selbst sein bester Freund und Partner zu sein? »Führt die Individualisierung, die anfangs die romantische Sehnsucht erzeugte, konsequent und zwangsläufig in ein neues Stadium hinein – in die postromantische Welt?«

Das nächste Kapitel zeigt, dass dies keineswegs so ist. Wenn die Zeit reif ist, wollen sich die Liebesklugen von heute verlieben – ganz gezielt und vernünftig. Mit den Partnerbörsen im Internet haben sie die idealen Werkzeuge an die Hand bekommen.

Tag 5

Tag 5 – Werbemaßnahme in eigener Sache: mein Profil

Ich bin jetzt also Teil einer Kartei. Ein winziges Rädchen in der großen Liebesmaschine. Eine von mehr als fünf Millionen in Deutschland, die online nach einem Partner suchen. Wie macht man auf diesem gigantischen Marktplatz auf sich aufmerksam? Ich versuche drei repräsentative Bilder für mein Profil bei ElitePartner auszuwählen. Gar nicht so einfach. Für Stunden verliere ich mich in meiner Iphoto-Bibliothek. Schon wieder verbringe ich einen Abend mit Weißwein auf meiner Couch – mein neues Hobby kostet ganz schön viel Zeit.

Natürlich gibt es auch von mir Fotos, die entweder gephotoshopped sind oder auf denen ich zufällig unglaublich gut aussehe, von denen ich aber weiß, dass sie nicht die Person zeigen, die morgens im Büro sitzt. Ich habe wahnsinnige Angst vor dem sogenannten »Fotoschock«. Viele meiner Interviewpartner erzählten mir von dem Moment, als sie ihr Online-Date beim ersten Treffen schon von Weitem sahen und wussten: Das wird nix. Wenn ich einem Mann ansehen würde, dass er im Moment unserer Begegnung seine Enttäuschung nicht verbergen kann, wäre mein Selbstwertgefühl unwiderruflich beschädigt.

Ich überlege mir einen Weg, Fotos von mir zu klassifizieren, und erfinde die Gala-Skala: Die Höchstzahl, 10 Punkte, bedeutet, dass ich roter-Teppich-mäßig zurechtgemacht und gut getroffen bin. 1 Punkt bedeutet eine Art Schnappschuss, bei dem ich realistisch aussehe und so wie immer wirke. Ich beschließe, dass der Durchschnitt der drei Profilbilder in der Mitte liegen sollte – weder im einen noch im anderen Extrem. Ich wähle:

1.) Ein Bild, auf dem ich lache, es wurde bei einer Wanderung aufgenommen. Haare offen, blau-rot-weiß kariertes Tuch um den Hals, ich sehe glücklich aus. Gala-Faktor: 6.

2.) Ein Bild, das mich im Biergarten zeigt. Ich trage ein weiß-blau gestreiftes T-Shirt und halte einen Maßkrug. Gala-Faktor: 2.

3.) Ein Bild, das bei einer Hochzeit entstanden ist. Dunkelblaues Kleid, Goldschmuck, Haare drapiert. Hierauf sehe ich nach meinem Dafürhalten besser aus als in natura. Gala-Faktor: 10 (mindestens).

Während die Betreiber der Seite meine Bilder prüfen, sehe ich mir die Fotos der Männer an. Erstes Missverständnis: Der attraktive Mittdreißiger mit der Surferfrisur ist kein Interessent, das ist das Standardbild, das angezeigt wird, wenn Mitglieder noch kein eigenes Foto haben. Die Realität sieht leider anders aus.

Da ist zunächst mal die Passbildfraktion: Grau melierter Fotostudiohintergrund, Anzug, Bewerberlächeln. Dann gibt es die »Ich habe einen beachtlichen Fisch gefangen oder stehe vor meinem Sportwagen«-Kandidaten. Es gibt solche, die versuchen, wahlweise mit ihrem Hund (Labrador, Golden Retriever) oder ihrer Rumgekommenheit (Eiffelturm, Golden Gate Bridge, Ayers Rock) zu punkten. Und schließlich die, die auf Humor setzen: Sie zeigen auf doppeldeutige Leuchtreklamen oder tragen Marge-Simpson-Perücken.

So zahlreiche Gedanken wegen ihres Fotos machen sich anscheinend nur Frauen. Oder nur ich. Die anderen Frauen bei der Partnerbörse sehe ich ja nicht. Es ist ein komisches Gefühl: ich allein gegen so viele Männer. Mein Profil ist ein Schaufenster, an dem Zehntausende vorbeisurfen.

»Beschreiben Sie Ihr Aussehen in fünf Worten.« Ich schreibe groß, blond, blauäugig und denke im selben Moment: Mist, jetzt sehen die Gisele Bündchen vor sich. Ich schreibe noch sportlich und kräftig dazu. Bin mir aber vor allem wegen des letzten Wortes unsicher. Klingt nach Kugelstoßerin. Füllig? So schlimm ist es auch wieder nicht. Vollschlank? Christine Neubauer lässt grüßen. Gut gebaut? Ich bin doch nicht aus Lehm. Dann bleibt das fünfte Wort eben weg.

Ich splitte meine Persönlichkeit in vorhandene Kategorien auf: in Hobbys, Lieblingsessen, Urlaubsvorlieben. Bevorzugte Küche: Italienisch, Französisch, Asiatisch, Gutbürgerlich. Sportarten: laufen, schwimmen, Skifahren, wandern. Schreiben das nicht neunzig Prozent aller Mittdreißiger? Wer soll sich darunter eine Person vorstellen können?

»Der Prozess der Selbstbeschreibung bedient sich kultureller Skripte der wünschenswerten Persönlichkeit«, habe ich bei Eva Illouz gelesen. Jetzt weiß ich, was die Soziologin meint: Alle Männer geben in ihrem Profil an, dass sie offen sind. Dass sie jemanden zum Pferde stehlen suchen. Ihnen Ehrlichkeit wichtig ist. Die sprachvermittelte Selbstdarstellung neige zur Uniformität, schreibt Illouz. Wie recht sie hat.

Die Profile, die ich durchklicke, sind eine Ansammlung von Floskeln und Allgemeinplätzen: Im Streit mit dem Partner darf man nicht alles auf die Goldwaage legen. Soll man auch mal »fünf grade sein lassen«. Pauschalurlaub ist doof, Abenteuerurlaub super. Das »ideale Wochenende« beginnt mit einem ausgiebigen Frühstück. Sieh an! In München, wo ich suche, ist es außerdem Pflicht zu schreiben, dass man häufig in die Berge geht. Auch wenn ich selbst gerne wandere und bergsteige – der Mann, der in seinem Profil angibt: »Ich hasse die Alpen, ich bin am liebsten drinnen« bekäme von mir einen Pluspunkt für Originalität.

Als Lebensmotto schreibe ich einen lustigen Spruch hin,

den ich auf Facebook gelesen habe: »Life is too short to remove USB safely«. Schnell merke ich, dass sich viele Mitglieder dankbar an diesem Anker festhalten. Ich bekomme zig Nachrichten, in denen auf diesen Satz Bezug genommen wird. Auf meine Vorliebe für die italienische Küche spricht mich niemand an.

»Ihre Partnervorschläge: 625, davon 35 neue Mitglieder.«

»Er, 37, Zahnarzt, sehr attraktiv, hat Ihr Profil besucht.«

»Er, IT-Berater, 32, könnte gut zu Ihnen passen.«

Es kann jetzt endlich losgehen.

3

Amors Albtraum: Wie sich Millionen von Menschen in Partnerbörsen vernünftig verlieben wollen

Die Geschichte des Online-Datings nimmt ihren Anfang natürlich in New York. 1965 erfinden der Buchhalter Lewis Altfest und der IBM-Programmierer Robert Ross den technischen Automaten für Kompatibilitätstests, kurz: TACT, einen Rechner, mit dem die beiden Tüftler einsame New Yorker miteinander verkuppeln wollen.

Von den Teilnehmern verlangen sie fünf Dollar und lassen sie einen Fragebogen mit einhundert Multiple-Choice-Fragen beantworten. Im Abschnitt »Philosophische Lebensfragen« heißt es beispielsweise: »Wenn Sie die Wahl hätten, die Tätigkeit von a) Schweitzer b) Einstein oder c) Picasso auszuüben, welche würden Sie wählen?« Dann werden die Antworten auf Lochkarten übertragen und in einen IBM-Rechner der Serie 1400 gegeben: Wenig später spuckt das Gerät pro Abonnent fünf Karten mit entsprechenden Partnervorschlägen aus.

Zunächst haben Altfest und Ross nur Abonnenten aus der progressiven Upper East Side, doch schon bald spricht sich ihr Service in ganz New York herum. Innerhalb eines Jahres melden sich 5000 Menschen bei TACT an. Altfest und Ross veranstalten nun auch Partys, wo sich die zusammengeführten Paare treffen können. Sie sind zu Pionieren der Single-Industrie geworden.

Die TACT-Werbeanzeige, die Mitte der Sechziger in Zeitschriften erscheint, zeigt eine gut aussehende Abonnentin, darunter deren Aussage:»Manche denken, Computer Dating ziehe nur Verlierer an. Diese Verliererin ist zufällig eine talentierte Modeillustratorin in einer der bekanntesten Werbeagenturen New Yorks. Sie macht Quiche Lorraine, spielt Schach und fährt gerne Ski. Von wegen Loser!«

TACT war der erste Computer-Dating-Service der Welt – und mit genau denselben Vorurteilen konfrontiert, die den Seiten bis vor Kurzem auch in Deutschland anhafteten.

Doch diese Zeiten sind vorbei.

Der Markt wird kleiner –
Warum wir ab 30 gezielter nach der Liebe suchen

Galten Singlebörsen – ob digital oder analog – noch vor einigen Jahren als Sammelbecken für Verzweifelte und kauzige Übriggebliebene, nutzen heute etwa 5,5 Millionen Singles in Deutschland das Internet häufig oder gelegentlich zur Partnersuche. Neun Millionen Menschen beziehungsweise achtzehn Prozent aller deutschen Internetnutzer haben online schon einen Partner gefunden, hat eine Studie des Bundesverbands der Informationswirtschaft (Bitkom) ergeben.[5]

Frank Dietrich ist einer davon. Ich treffe ihn an einem Sommerabend 2011 in einem Bistro in Berlin-Friedrichshain. Die Bedienung hat den Wein und die Cola noch nicht hingestellt, da sagt der 37-Jährige schon einen der bemerkenswertesten Sätze an diesem Abend:»Mit Anna, das war nicht gerade Liebe auf den ersten Blick. Es war wie bei einem Lied, bei dem man erst, je öfter man es hört, merkt, dass es perfekt ist.«

Doch vielleicht ist es besser, ganz von vorne anzufangen.

---

[5] Bitkom ist der Bundesverband Informationswirtschaft, Telekommunikation und Neue Medien.

Frank ist studierter Informatiker und arbeitet als Projektmanager für einen Buchverlag, er ist für das gesamte Online-Angebot zuständig. Frank ist eher klein, drahtig – das kommt von seinem Hobby Triathlon –, er hat dunkles Haar, eine schwarze Hornbrille und einen Dreitagebart. Vor seinem aktuellen Job arbeitete Frank viele Jahre bei einem Musikmagazin. Er war der einzige Informatiker, umgeben von jungen Journalisten mit Umhängetaschen und ihren studentischen Lesern, anders gesagt: Er, der Fahrer eines BMW-Cabrios, war vor allem auf Partys, zu denen die meisten Mädchen mit gebrauchten Fahrrädern kamen.

»Irgendwie habe ich seit dieser Zeit ein kompliziertes Beuteschema«, erzählt Frank. Einerseits sucht er nach einer Freundin, die wie er erfolgreich ist und so weit im Leben steht, dass sie sich nicht mehr mit schlecht riechenden Mitbewohnern herumschlagen muss. Andererseits aber – Zitat Frank – so »vornedran« und »unverspießert« ist, dass sie weiß, wo die derzeit besten Clubs in Berlin sind und Lady Gaga nicht für eine Neuentdeckung hält. Eine seltene Mischung.

Dabei hatte Frank eigentlich fast immer eine Freundin: Als er mit dem Online-Dating anfängt, blickt er auf zehn Beziehungen in zehn Jahren zurück. Manche dauerten nur wenige Monate, andere zwei, drei Jahre. So schön die Hormonsafari jedes Mal war: »Ich war es echt leid, immer wieder von vorne anfangen zu müssen. Die Frauen passten einfach nicht zu mir. Im Nachhinein habe ich das immer erkannt, nur nie, wenn ich verliebt war. Ich dachte, das muss besser gehen. Professioneller.« Frank will eine Haltbarkeitsgarantie. Er meldet sich bei Parship an. »Ich wusste, die waren die Ersten, die so etwas in Deutschland angeboten haben. Und die größten und teuersten.« Zehn Millionen Singles haben bei Parship schon ihr Glück versucht, 1,4 Millionen sind regelmäßig aktiv. 6000 Neuanmeldungen verzeichnete Parship an jedem Tag im

Jahr 2010. Eine 3-Monats-Mitgliedschaft kostet 179,70 Euro. Für Frank klingt das nach Qualität. Viele, die wie er den Schritt zum Online-Dating wagen, sehen ihre Beziehungsbiografie als eine lange Versuchsreihe: lehrreich, aber letztlich erfolglos. Die Entscheidung, es jetzt online zu probieren, wird als Zäsur empfunden, die die zufällig erfolgten Beziehungsversuche von der systematisch betriebenen und wissenschaftlich unterfütterten Partnersuche abgrenzt. Während ich dem 37-jährigen Berliner zuhöre, wird mir klar: Wer Online-Dating betreibt, denkt in zwei Zeitrechnungen: v.O. und n.O. Vor Online-Dating und nach Online-Dating.

Meistens kommt es zu dieser Zäsur in einer Phase, in der man feststellt, dass das Leben dem immer gleichen Rhythmus von Arbeit und Feierabend folgt. Wenn sich das Ausgehen – wenn überhaupt – nur noch auf das Wochenende beschränkt, verliert das Single-Sein für die meisten seinen Reiz. Gleichzeitig müssen sie feststellen, dass der Markt an potentiellen Partnern immer kleiner wird. »Ich war aus der Phase raus, wo ich in Clubs die Nächte durchgetanzt habe. Ich wollte am Wochenende lieber früh aufstehen und etwas Sinnvolles machen.« Wenn Frank über diese Zeit seines Lebens spricht, klingt es, als habe er endlich verstanden, was im Leben wirklich zählt.

»Diesmal soll es für immer sein« – das war nach seinen vorgegangenen Beziehungsversuchen auch sein Motto. Die meisten Online-Dater sind wie Frank fest entschlossen, ihre sporadischen Liebesabenteuer gegen die planbare Verlässlichkeit einer soliden, auf Treue basierenden Beziehung einzutauschen. An das Prinzip der »Amour fou«, diese Vorstellung, sich wie mit Anfang zwanzig Hals über Kopf in die ältere Dozentin oder den spanischen Mitbewohner zu verknallen, glaubt man nicht mehr. Jetzt, zehn Jahre später, hat man den Weitblick und die Vernunft einzusehen, dass man etwas genauer hinschauen sollte, wenn man den Partner fürs Leben finden will. Schließlich geht es in dieser Lebensphase auch immer um die Frage: »Ist das der Vater / ist das die Mutter meiner Kinder?« Kein Wunder also, dass Partnerbörsen von einem Geist der Ernsthaftigkeit durchzogen sind: Es geht um das Große und Wahre, um tiefe Gefühle und perfektes Zusammenpassen, kurz: Es geht um die ganz große Liebe.

Ich kann Franks Entscheidung, es online zu probieren, nachvollziehen. Sie ist das Ergebnis einer rationalen Überlegung: Wo treffe ich möglichst viele Single-Frauen auf einmal? Wo kann ich das Risiko einer erneuten Fehlentscheidung minimieren? Wo sind die meisten Frauen wie ich ernsthaft an einer Beziehung interessiert? Bei Parship finden nach Unternehmensangaben 38 Prozent der Mitglieder einen Partner. Wie Millionen von Singles in Deutschland kommt auch Frank zu dem Schluss: Der virtuelle Marktplatz der Partnerbörsen ist die beste Option, weil das Angebot dort am größten ist.

Außerdem muss es ja schnell gehen. Für Strohfeuer und »Schauen wir mal, was draus wird« ist jetzt keine Zeit mehr. Die amerikanische Soziologin Alicia Cast von der Iowa State University hat die Nägel-mit-Köpfen-Tendenz der (amerikanischen) Online-Dater nachgewiesen: Im Schnitt dauert es bei konventionell zusammengekommenen Paaren dreieinhalb Jahre vom ersten Kennenlernen bis zum Jawort, bei den Online-Datern nur eineinhalb Jahre. Bei Frank sollte es nicht anders sein.

Online-Dating, oder: Die Single-Party, die niemals aufhört

Parship ging am Valentinstag 2001 in Deutschland online. Aus PR-Sicht keine schlechte Idee, die Seite an jenem Tag zu starten, an dem sich alljährlich Tausende Singles fragen, warum ausgerechnet sie keinen Strauß überteuerter Schnittblumen abkriegen. Bis heute zählt der Valentinstag zu den Tagen im Jahr, an dem Partnerbörsen die meisten Neuanmeldungen verzeichnen. Frank wählt die halbjährige Mitgliedschaft für 239,40 Euro. Ihm steht nun eine schier unendliche Auswahl an Singles zur Verfügung. Parship verweist auf 1,4 Millionen aktive Mitglieder. Bei einem Geschlechterverhältnis von – laut Unternehmen – etwa 50:50 warten also 700 000 Frauen auf ihn. Er könnte seine Suche auf die vierzehn Parship-Ableger in anderen Ländern ausdehnen, das wären dann noch mal zehn Millionen Singles. Bei anderen Anbietern sind ähnlich viele Singles angemeldet: ElitePartner verweist auf 750 000 aktive Mitglieder, FriendScout wirbt mit monatlich einer Million.

Die Zahl registrierter Singles ist die zentrale Werbebotschaft einer Partnerbörse, der vielleicht größte Trumpf, den sie ausspielen. Wer kommt sich bei so vielen Gleichgesinnten noch wie ein Außenseiter vor? Genau deshalb geben die Partnerbörsen die Gesamtzahl der Singles an und nicht die des bevorzugten Geschlechts – was ja sinnvoller wäre. Die Zahl aller Mitglieder sagt: »Du bist nicht allein. Auch wenn dein gesamter Freundeskreis aus Pärchen besteht und du dich wie ein Restposten fühlst, da draußen sind Millionen von Menschen, denen es genauso geht wie dir.«

Die Kölner Privatinitiative »singleboersen-vergleich.de« geht von sechzig Millionen Mitgliedschaften in Deutschland aus. Das heißt natürlich nicht, dass drei Viertel aller Deutschen auf Partnersuche im Web sind, die Mehrzahl dieser Profile sind Karteileichen. Da sind Mitglieder, die jemanden gefunden haben und aufhören, die Seiten zu besuchen. Da sind Leute, die sich anmelden, aber nicht für die Seite bezahlen wollen (das heißt, sie haben zwar ein Profil, können aber keinen Kontakt zu anderen aufnehmen). Und da sind Hunderte Mitarbeiter von Partnerbörsen, die dazu aufgefordert werden, ein Profil zu pflegen – egal, ob sie auf der Suche nach einem Partner sind oder nicht.

Doch selbst wenn die Mitgliederzahl geschönt sein sollte, stehen Frank Hunderttausende Kandidatinnen zur Verfügung. Die Angebotsseite im Markt der Liebe ist unerschöpflich. War die Partnerwahl früher auf ein Dorf oder eine Kleinstadt begrenzt und sozial kontrolliert durch Familie, Kirche und Gesellschaft, sind ihr heute keinerlei Grenzen gesetzt: Dank Skype und Billigfliegern können wir theoretisch Beziehungen auf der ganzen Welt führen; mit Menschen jeden Alters, jeder Schicht und Nationalität. Daraus ergibt sich ein schier unendlicher Pool an Liebesmöglichkeiten.

Dabei macht die größere Auswahl Franks Suche nicht leichter, sondern komplizierter. Der Entscheidungstheoretiker Peter M. Todd vom Max-Planck-Institut in München hat untersucht, wie viele Kandidaten ein Single benötigt, um eine Entscheidung zu treffen. Dazu befragte er 88 junge Erwachsene: Die Mehrzahl von ihnen glaubte, zwanzig bis fünfzig Kandidaten seien die beste Grundlage für eine Wahl.

Doch der Wissenschaftler hatte Zweifel: Todd bat seine Probanden, sich bei einer (fingierten) Partnervermittlung im Internet anzumelden. Die eine Gruppe bekam die vermeintlich ideale Anzahl von zwanzig Kandidaten präsentiert, eine andere konnte sich nur zwischen vieren entscheiden. Danach sollten die Probanden sich die Seite noch beliebig lange anschauen. Im Anschluss wurden sie befragt, wie gut ihnen das Angebot gefallen habe. Das Verblüffende: Die Gruppe, die nur vier Kandidaten begutachten konnte, war ebenso zufrieden wie die Gruppe, die aus zwanzig Profilen auswählen durfte. Doch diese Gruppe konnte sich wesentlich schlechter an Einzelheiten der Kandidaten erinnern.

Peter Todd folgerte, dass Menschen den zeitlichen und emotionalen Aufwand unterschätzen, den eine größere Auswahl mit sich bringt. Die technischen Möglichkeiten, die das

Internet bietet, überfordern die kognitiven Fähigkeiten des Menschen, der es evolutionär gewohnt ist, aus einer eher kleinen Auswahl seinen Partner zu wählen.

Die Folge ist das, was Verhaltenspsychologen *decision fatigue*, also Entscheidungsmüdigkeit, nennen. Diese führt dazu, dass man sich immer schlechter festlegen kann – und dass man immer radikaler aussortiert. »Der Mann ist nur zwei Zentimeter größer als ich – mit dem kann ich meine hohen Schuhe nicht anziehen.« Oder: »Sie hat geschrieben, dass sie gerne die ›Bunte‹ liest – wie niveaulos!« Irgendein Grund, die gigantische Auswahl künstlich zu verkleinern, findet sich immer.

Auf die unzähligen Optionen reagiert das Gehirn mit einer geistigen Abkürzung: Das konnte Peter Todd in einem anderen Experiment zeigen, bei dem Frauen zwischen 4, 24 oder 64 Kandidaten wählen konnten. Die Frauen, die über die größte Auswahl verfügten, suchten nur noch nach einem Schlagwort oder einem bestimmten Merkmal bei den Männern – und haben so womöglich einen geeigneten Kandidaten übersehen.

Doch die Partnerbörsen haben natürlich unbestrittene Vorteile: Für die meisten, die sich gerne binden möchten, ist vor allem die Tatsache entscheidend, dass man bei Parship und Co. nur Leute vorfindet, die auch etwas Ernstes suchen. Das ist ja die ewige Tragik der Partnersuche: Wie macht man jene ausfindig, die in Frage kommen? Nehmen wir eine Party oder die Gäste einer Bar: Wie viele sind mit ihrem Partner da? Wie viele wollen zwar flirten, sind aber liiert? Wie viele haben gerade Liebeskummer oder ihr Herz an ihre Klavier spielende Nachbarin verschenkt? Und wie viele vom theoretisch verfügbaren Rest sind unsympathisch oder unattraktiv (was auch immer das für jeden persönlich heißen mag) und werden deshalb ausgesiebt?

Die Partnerbörsen dagegen feiern eine Single-Party, die

rund um die Uhr im Gange ist, sieben Tage die Woche. Und es sind nur Gäste geladen, die nach dem Glück und der Stabilität einer Zweierbeziehung suchen. Natürlich gibt es auch Einzelne, die auf der Suche nach einer Bettbekanntschaft sind, aber mein Eindruck während der Recherche war, dass diese eher kostenlose Flirtportale für ihre Akquise wählen. Wer dreißig Euro oder mehr im Monat investiert, dem geht es meist um mehr als um eine schnelle Nummer.

Laptop und Jogginghose –
Wie bequem die Partnersuche geworden ist

Das Internet hat die Partnersuche zu einer bequemen Angelegenheit gemacht. Dan Ariely, Professor für Verhaltenspsychologie, konnte zeigen, dass Nutzer von (amerikanischen) Dating-Seiten ihre Suche so praktisch finden, dass sie kaum noch das Haus verlassen: Im Schnitt 5,2 Stunden pro Woche verbringen sie mit dem Durchsehen von Profilen. Weitere 6,7 Stunden tauschen sie sich mit potentiellen Partnern per Mail aus, um herauszufinden, ob sie zu ihnen passen. Nur gerade 1,8 Stunden pro Woche wenden sie für die Partnersuche außerhalb von Dating-Portalen auf. Die gut besuchte Online-Party gibt einem das Gefühl, dass man an jedem anderen Ort nur schlechtere Chancen hätte: Auf die Frage, ob die Studienteilnehmer am Wochenende lieber ausgehen oder online suchen und dann zuhause einen Film ansehen würden, entschieden sich die meisten für Jogginghose und Online-Portal. Das habe ich von vielen deutschen Online-Datern gehört: Die ständigen Nachrichten, Grüße und verschickten »Lächeln« (etwa bei Parship), all die Anbahnungen, geben einem das Gefühl, eingebunden zu sein in ein soziales Netz. Man hat den Eindruck, ständig kurz davor zu stehen, die große Liebe zu finden.

Ein weiterer Vorteil in den Augen vieler: Die erste Runde im virtuellen Gedränge kann man völlig unerkannt drehen. Bei den meisten seriösen Partnerbörsen sind die Profilbilder und die Namen verschlüsselt, erst durch aktives Freischalten können die Mitglieder ihre Fotos preisgeben. Frank stört es nicht, dass er von seinen potentiellen Traumfrauen zunächst nur verschwommene Umrisse sieht. »In meinen Augen zeigt die Tatsache, dass die Profile anonymisiert sind, wie ernst es Parship damit ist, Menschen zusammenzubringen, die charakterlich zueinanderpassen«, sagt er. »Die Leute lassen sich vom Äußeren oft blenden. Mir ging es ja auch oft so.«

Als Frank mir das über seinem Ziegenkäsesalat so sagt, bin ich perplex: Ist da wirklich ein Mann, der froh ist, dass ihm das Äußere der Frauen zunächst vorenthalten wird? Der es gut findet, dass der Parship-Algorithmus sein Beuteschema überlistet? Frank hat keine Ahnung, ob sich eine der Frauen, die er aussortiert, gedankenverloren durch die Locken fährt. Ob sie beim Kochen Johnny Cash hört. Oder sich ein Grübchen in ihrer Wange bildet, wenn sie lacht. Überhaupt spielen all die Dinge, weswegen Menschen sich seit Jahrhunderten ineinander verknallt haben, beim Online-Dating erst mal keine Rolle: Geruch, Augenkontakt, Mimik.

»Die Ordnung, in der romantische Interaktionen traditionellerweise vollzogen wurden, hat eine Umkehrung erfahren«, schreibt Eva Illouz in ihrem Buch »Gefühle in Zeiten des Kapitalismus«. »Wo Anziehung normalerweise dem Wissen vom anderen vorausgeht, geht hier Wissen der Anziehung oder zumindest der physischen Präsenz und Verkörperung romantischer Interaktion voraus.«

Sich »vernünftig« zu verlieben heißt in der Logik der Partnerbörsen, die Person zu wählen, bei der die Chancen auf eine lange, stabile Beziehung am höchsten sind. Die Kompatibilität wird über einen Test ermittelt, in dem Persönlichkeitsmerkmale, Vorlieben, Werte und Interessen abgefragt werden. Das sich daraus ergebene Profil wird dann mit den Profilen anderer Mitglieder abgeglichen, ein Algorithmus errechnet die am besten passenden Partner. Ausdruck der Passgenauigkeit ist die Matchingzahl, so etwas wie der Heilige Gral einer jeden Partnerbörse.

Bei Parship gibt es Matchingpunkte bis 140, alles ab siebzig Punkten gilt als vielversprechend für eine mögliche Beziehung. Ein interessanter Kniff des Unternehmens, die Obergrenze bei 140 anzusetzen, und nicht etwa, was näher liegen würde, bei 100: Intuitiv fühlt sich eine Punktzahl von siebzig oder achtzig gut an, obwohl es ja bei 140 möglichen Punkten eine vergleichsweise niedrige Zahl ist.

Frank und Anna haben 76 Punkte[6], das ist nicht berauschend. Doch für Frank sagt etwas anderes noch mehr aus, ob eine Frau zu ihm passt, als diese Zahl: die Kategorie Musikgeschmack. Wenn da etwas von Musicals steht, würde er sofort die Nächste anklicken.»Es gab die üblichen Auswahlmöglichkeiten Rock, Pop, Jazz, aber man konnte auch etwas Eigenes dazuschreiben. Anna hatte Electro angegeben. Mit c. Man sah, dass für sie die üblichen Kategorien nicht passten, es schien ihr wichtig, das klarzustellen. Das gefiel mir. Und den Schreibfehler fand ich charmant.«

Er schreibt ihr über das Kontaktformular bei Parship. In den folgenden Wochen überwinden Anna und Frank die drei Schwellen, die in Dating-Ratgebern als kritische Punkte bezeichnet werden – den Wechsel von einem Kommunikationsmedium zum anderen. Von Nachrichten via Parship auf Nachrichten an die persönliche E-Mail-Adresse. Von E-Mail auf Telefon. Von Telefon zum richtigen Treffen. Jede dieser Schwellen – so wissen Dating-Experten – birgt die Gefahr, dass einer von beiden abspringt.

---

6 Vor zwei Jahren, als die beiden sich kennengelernt haben, waren 100 Punkte die höchstmögliche Punktzahl. Die Umstellung auf 140 Punkte erfolgte später.

Es gibt sogar Ratgeber für den Umgang mit dem Stimmenschock, also wenn man den anderen zum ersten Mal am Telefon hört, oder dem Fotoschock, wenn man die Person schließlich trifft und sie nicht wie auf dem Foto aussieht. Frank und Anna brauchen keinen Ratgeber. Nach drei Wochen treffen sie sich bei einem Italiener in Friedrichshain. Bis dahin hat Frank nur die drei Bilder gesehen, die Anna in ihrem Profil angegeben hat:»Auf jedem sah sie komplett anders aus – ich hatte keine Ahnung, was mich erwartet.«

Schon am ersten Abend stellt sich heraus, dass beide in ihren Profilen ein wenig gelogen haben. Frank ist zu dieser Zeit noch»technischer Leiter« der Internetseite des Verlages, befördert wird er erst später. Aber er wollte sich ungern so bezeichnen (»das klingt nach Hausmeister«), also gab er Projektmanager an. Er fand, das machte irgendwie mehr her. Anna hat ihre Figur mit den Worten»schlank mit weiblichen Rundungen« umschrieben. Frank grinst.»Ich würde sie nicht als total schlank bezeichnen, aber ich fand es okay, dass sie ein wenig geschummelt hat.«

Frank und Anna taten das, was laut einer Studie der Kommunikationswissenschaftlerin Catalina L. Toma von der Universität von Wisconsin-Madison 81 Prozent aller Online-Dater machen: Sie schwindelten. Frauen machen sich im Schnitt 4,2 Kilo leichter, Männer geben an, zwei Zentimeter größer zu sein, als sie in Wahrheit sind[7]. In einer anderen Studie fand die Professorin heraus, dass die Profilbilder von Frauen im Schnitt eineinhalb Jahre alt sind, die von Männern nur ein halbes Jahr.»Die Online-Dater versuchen, die Erwartungen, von denen sie glauben, dass andere sie an sie stellen, zu antizipieren und zu erfüllen«, sagt die Kommunikationswissenschaftlerin Toma.

---

[7] In Deutschland fragt keine der marktführenden Partnerbörsen das Gewicht in Kilo ab, in den USA, wo die Studie durchgeführt wurde, ist das mitunter der Fall.

»Du hast doch geschrieben, du bist groß« – Erwartungen und Enttäuschungen im Zeitalter der digitalen Liebe

Online-Börsen folgen ökonomischen Gesetzen: Wer schreibt, dass er über 1,90 Meter ist und eine gute Figur hat, muss damit rechnen, dass ihn jemand genau wegen dieser Kriterien auswählt. Besonders wenn man sich lange nur E-Mails schreibt, ist es fast unvermeidbar, dass man jede Kleinigkeit mit Bedeutung auflädt: Da finden vor dem inneren Auge schon gemeinsame Bergwochenenden statt, weil der andere von seinem Hobby Wandern schreibt. Und bei der Schlussformel »Schlaf gut« fühlt man schon einen warmen Arm um sich gelegt.

E-Mails erzeugen eine virtuelle Nähe, die so lange bar jeder Grundlage ist, bis man sich von Angesicht zu Angesicht gegenübersteht. Und diese Begegnung zerstört dann oft die Zuckerwattewelt, in die man hineingeträumt hat: Jeder, wirklich jeder Online-Dater, mit dem ich für dieses Buch gesprochen habe, und es waren am Ende mehr als ein Dutzend, kann von einer solchen Enttäuschung beim ersten Treffen berichten. Meine Interviewpartner erzählten davon, wie sie die wartende Person schon von Weitem erkannt haben und augenblicklich wussten: Das wird nix. Oder sie sahen im Gesicht des anderen, wie er nur mühsam seine Enttäuschung verbergen konnte. Sie erzählten von mühseligen Gesprächen und dem Bemühen, das Date dann doch noch anständig zu Ende zu bringen. Wie sie dann heimgefahren sind, in die leere Wohnung, wo am Computer alles wieder von vorne anfing. Einer gestand mir sogar, dass er einmal eine Absage per SMS geschrieben hatte, nachdem er die Frau im Café sitzen sah, die nicht seinen Erwartungen entsprach. Produktenttäuschung ist das größte Problem im Supermarkt der Liebe.

Auch die Partnerbörsen wissen, wie schnell sie frustrierte Kunden verlieren können. Ihre Seiten sind voll von Tipps, wie man realistisch bleibt. Ob sie etwas bringen?

Die Online-Partnersuche kann das Selbstwertgefühl stärken oder endgültig in den Keller treiben. Die Anfragen von Interessenten können beflügeln oder frustrieren. Natürlich kann man das mit Abstand vorteilhafteste Foto von sich einstellen: Weichzeichner, warmes Licht, die Problemzonen nicht im Bild. Bei der Kategorie Figur: keine Angabe.

Doch die meisten Liebessuchenden entwickeln mit der Zeit einen geschulten Blick und entlarven diese Tricks. Sie lernen: Männer mit Glatze verwenden gerne angeschnittene Fotos. Frauen, die ein paar Kilos zu viel auf den Rippen haben, fotografieren sich vorteilhaft von oben. Menschen mit gelben oder schiefen Zähnen lassen den Mund geschlossen. Wer eine Narbe oder eine große Warze auf der Wange hat, zeigt der Kamera die andere Gesichtshälfte.

Das alles klingt hart und oberflächlich. Dabei ist es einfach so: Wer sich selbst als Ware ausstellt, wird mit dem Blick eines kritischen Kunden betrachtet. Und zwar nicht nur auf Portalen wie hotornot.de, wo jeder User die Attraktivität anderer Mitglieder bewerten kann, sondern auch auf den seriösen, vom Geist der Ernsthaftigkeit durchzogenen Akademikerportalen.

Auch das erste Treffen ist aufgeladen vom Wunsch nach Nähe und der tiefen Sehnsucht nach dem romantischen Moment. So entsteht jene Fallhöhe, aus der sich Enttäuschungen ergeben. Mag der Abend für den einen anregend und vielversprechend sein, muss es dem anderen noch lange nicht so gehen. Oft folgt noch in derselben Nacht die Abmoderation per E-Mail: »Du, sorry, aber das wird nichts mit uns, du hast es ja sicher auch gemerkt. Wünsch dir viel Glück für deine weitere Suche.« So professionell sich die Suchenden geben, so abgeklärt und rational sie auch wirken – eine solche Absage trifft immer ins Innerste, und dort herrschen Zweifel, Komplexe und Urängste. Bei den meisten zumindest.

Bei Frank und Anna war es anders. Die beiden Berliner

verstehen sich an ihrem ersten Abend so gut, dass sie gleich das nächste Treffen ausmachen. Es kommt zu zwei weiteren Verabredungen – und dann zu einem denkwürdigen Abend.

Anna hat Frank zum Sushi-Machen in ihre Wohnung eingeladen – bis ihr siedend heiß einfällt, dass sie einen Künstler bei sich erwartet, der ihr eine Auswahl an Bildern zeigen sollte, von denen sie eines zu kaufen beabsichtigte. Sie überlegt, Frank abzusagen, aber dann beschließt sie, einfach beide Verabredungen zu verbinden. Und so hilft Frank, ein Bild auszuwählen, das eineinhalb Jahre später im Wohnzimmer ihrer gemeinsamen Wohnung hängen sollte.

An diesem Abend küssen sie sich zum ersten Mal, und Frank geht nicht in seine Wohnung zurück. Tags darauf kündigt er seine Parship-Mitgliedschaft. »Irgendwie wusste ich: Das war's.« Anna zögert noch: Frank ist der Erste, mit dem sie sich bei Parship getroffen hat. Sollte er der Einzige bleiben? Wer nimmt schon gleich den Ersten? »Ich spürte ziemlich lange, dass Anna das alles nicht geheuer war. Am Anfang wollte sie sogar, dass wir uns eine Geschichte überlegen, wie wir uns getroffen haben.« Anna ist es peinlich, dass sie einen Algorithmus gebraucht hatte, um die Liebe ihres Lebens zu finden. Für sie roch das nach Doping. Es schmälerte ihren romantischen Triumph. Doch dann: keine PR-Version ihres Kennenlernens. »Es hat bald keine Rolle mehr gespielt, auf welche Weise wir uns gefunden haben«, erinnert sich Frank.

Die beiden verbringen nun fast jeden Abend miteinander, entweder in Franks oder in Annas Wohnung. »Es war eine ganz andere Intensität als mit meinen vorhergehenden Beziehungen, bei denen war es immer wie mit Fast Food. Am Anfang war es toll, aber dann stellte man fest: Es hält nicht lange vor. Mit Anna war es andersherum: Die Intensität zwischen uns wurde immer größer.«

Die Herzschrittmacher –
Wie die Single-Industrie die Liebe verändert hat

Während Frank und ich zum Nachtisch übergegangen sind, und ich ihn noch immer begeistert über Parship reden höre (»Das Konzept ist einfach unglaublich schlau«), überlege ich, ob er heimlich als Unternehmenssprecher für die Seite arbeitet. Aber wahrscheinlich ist jeder, dessen Leben eine solch entscheidende Wendung erfahren hat, so überzeugt vom Prinzip Online-Partnersuche. Verliebt zu sein ist das schönste Gefühl der Welt. Und den Partner zu finden, mit dem man alt werden möchte, ist einer der entscheidenden Einschnitte im Leben überhaupt.

Seit mehr als fünfzehn Jahren nun beeinflussen Online-Partnerbörsen das Leben von Millionen von Menschen im großen Stil. In den USA, wo mit TACT 1965 alles angefangen hat, beginnt heute fast jede vierte Ehe online, bei gleichgeschlechtlichen Paaren sind es sogar zwei von drei Beziehungen. Online-Dating ist längst kein Großstadt- oder Nischen-Phänomen mehr, sondern eine soziale Realität. Einer der Branchenführer, eHarmony, gibt auf seiner Seite an, dass in den USA pro Tag 542 Menschen heiraten, die die Partnerbörse zusammengeführt hat.

Während meiner Recherchereise wollte ich auch der größten Partnerbörse der Welt einen Besuch abstatten. Gegründet im April 1995, ist Match.com heute in 25 Ländern aktiv. Das Unternehmen InterActiveCorp (I.A.C.), zu dem Match gehört, betreibt mit Meetic den Marktführer in Europa.[8] Und auch in den USA gehören mit Chemistry, OkCupid und Singlesnet weitere bekannte Namen zur Unternehmensgruppe. Unglaubliche 401 Millionen Dollar an Umsatz haben diese Seiten der I.A.C. 2010 erwirtschaftet.

---

8 Zu Meetic wiederum gehört die deutsche Partnerbörse neu.de

Match ist auf zwei Stockwerken in einem Büroklotz im Norden von Dallas untergebracht. Schon die Einrichtung des Foyers will sagen: Hier arbeiten junge, flippige Menschen. Silberne Dekokugeln, von buntem Neonlicht angeleuchtet, kitschige Chaiselongues und üppig goldumrahmte Flachbildschirme, auf denen Schwarz-Weiß-Filme laufen. Ununterbrochen klingelt das Telefon am Empfang.

Ich treffe Unternehmenssprecherin Amy Canaday. Rund 200 von insgesamt 370 Mitarbeitern weltweit arbeiten in der Zentrale in Dallas, erzählt sie. Mir kommt der Gedanke, dass die Match-Büros wie die Seite selbst sind: Der Eintritt ist spektakulär, das Versprechend schillernd. Doch dann geht es ziemlich profan weiter: mit bemühten E-Mails beziehungsweise mit stinknormalen Großraumbüros voller Computer.

Als mich Amy Canaday durch die Büros führt, in denen Trennwände die Programmierer von den Marketingleuten und die Unternehmenskommunikation vom Kundenservice trennen, erahne ich mit einem Mal, warum Match beziehungsweise die gesamte Branche so unglaublich viel Gewinn macht: Die Kosten sind wahnsinnig niedrig. Ein paar Dutzend Computer, ein paar Programmierer – die Belegschaft eines mittelständischen Unternehmens genügt für einen der größten Akteure im Online-Geschäft.

Jeden Freitag, erzählt Amy Canaday, treffen sich alle Mitarbeiter zur Vollversammlung mit dem Geschäftsführer. Besprochen werden der Stand neuer Features und die aktuellen Statistiken der Seite. Und es gebe ein festes Ritual: Bei jeder Vollversammlung werden Dankes-E-Mails von Paaren vorgelesen, die in der jeweiligen Woche eingetroffen sind. »Wir stellen kein lebloses Produkt her, wir verändern das Leben von Menschen. Die Liebesgeschichten motivieren uns weiterzumachen«, sagt Amy Canaday und steht nun strahlend vor einer der Trennwände, an denen Dutzende E-Mails und Fotos als Beweis hängen. Glücklich aussehende Paare lachen mir entgegen. Caroline und Jeff aus Chicago. Sarah und Matt aus Idaho. Laura und Jamie aus Portland, Oregon. Alle *happy as hell.*

Die Liebe ist die beste Kundenempfehlung, die es gibt: Hat sich ein Paar in einer Onlinebörse gefunden, schreibt es den Erfolg unmittelbar der Seite zu. Und erzählt seinen skeptischen Freunden davon, und die wiederum erzählen es ihren skeptischen Freunden. Eine bessere PR als die Liebe gibt es nicht. Mit jedem erfolgreich vermittelten Paar steigt die Akzeptanz. So spielt auch in Deutschland die Zeit für Parship und Co.

Das Produkt »Partnerschaft« ist so hochwertig, dass Menschen bereit sind, dafür ziemlich viel Geld zu bezahlen. Vielleicht kein Zufall, dass sich ausgerechnet riesige Medienunternehmen und Verlage den Markt der Partnerbörsen in Deutschland aufgeteilt haben: Hinter Parship steht Holtzbrinck, ElitePartner gehört zu Tomorrow Focus, FriendScout24 wird von der Telekom betrieben. Was die Verlage mit ihren Zeitungen und Magazinen nicht (mehr) schaffen, funktioniert hier: Menschen verpflichten sich in Form von Abonnements für ein Viertel-, halbes oder ganzes Jahr. Und sorgen so für klingelnde Kassen: Der Branchenumsatz aller Partnerbörsen in Deutschland liegt bei rund 190 Millionen Euro. Nachdem die Branche im vergangenen Jahrzehnt auf extrem hohe Wachstumszahlen zurückblicken konnte, werden die Umsatzzahlen 2012 wohl auf hohem Niveau stagnieren oder leicht zurückgehen. Im extrem ausdifferenzierten und hart umkämpften deutschen Markt setzt gerade eine Phase der Konsolidierung ein. Experten gehen davon aus, dass sich nicht alle Anbieter auf Dauer am Markt halten können.

»Ich hab ja nicht ewig Zeit« – Partnersuche unter dem Effektivitätsdruck

Auch ein Grund, warum sich mit der Liebe so gut Geld machen lässt: Die meisten Langzeitsingles wollen sich nicht nachsagen lassen, nicht alles versucht zu haben. Man holt sich heute schließlich für alles Mögliche Hilfe: für die Karriere- oder Finanzplanung, für Ernährungsberatung und für die Organisation der Hochzeit der besten Freundin. Warum nicht auch für das größte Projekt von allen? Doch weil inzwischen selbst bei uns der Markt riesig ist und die eigene Zeit kostbar, braucht man Hilfestellung im Suchen und Finden des Liebesglücks.

Matt Prager, ein gut gelaunter Mittvierziger aus Brooklyn, weiß, wie wichtig Effektivität in der Partnersuche ist. Er hat genau daraus ein einträgliches Geschäft gemacht. Prager ist ausgebildeter Therapeut und bietet vielbeschäftigten New Yorker Geschäftsleuten den Service an, für sie ihr Privatleben zu managen. Genauer gesagt: Er übernimmt den Teil am Online-Dating, den, wie er sagt, niemand leiden kann: das Durchklicken der Profile, das Anschreiben von Mitgliedern und Kontakthalten. »Online-Dating kann sehr frustrierend sein. Oft verschickt man dreißig Nachrichten, nur um am Ende eine Verabredung herauszubekommen. Meine Kunden überspringen diesen Teil. Durch mich kaufen sie sich real stattfindende Verabredungen.« Sobald er ein echtes Date ausgemacht hat, ziehe er sich zurück, und der Kunde trete auf den Plan.

Cyber-Cyrano nennen ihn die Medien – in Anspielung auf den berühmtesten aller Kuppler Cyrano von Bergerac. Matt Prager, den ich an einem sonnigen Herbsttag in einem Café in Brooklyn treffe, verzieht ein wenig das Gesicht bei dieser Formulierung: »Ich sehe mich eher als Avatar, als Online-Ich meiner Kunden, aber wahrscheinlich kommt es auf dasselbe heraus.« Ein sehr nett aussehender Avatar ist Matt Prager: Er trägt ein rotes Polohemd, eine Wildlederjacke, er hat braune Locken, die von einigen grauen Strähnen durchzogen sind. Matt Prager ist ein Durchschnittstyp – kein geschniegelter Anzugträger wie die Kunden, für die er sich ausgibt.

Zu Beginn, erzählt er, erhält er Zugang zum Online-Profil seiner Kunden und agiert fortan in deren Namen. Wehe, der Kunde funkt dazwischen. »Ich schärfe den Leuten ein, sich bloß nicht einzuloggen und mich machen zu lassen. Sonst gibt es Chaos!« Nach einigen Tagen präsentiert er ihnen eine Auswahl an potentiellen Partnerinnen, die sie wiederum einschränken können. Mit den Übrigen vereinbart er dann Treffen.

1500 bis 1700 Dollar pro Monat ist seinen Kunden dieser Service wert – für eine gut betuchte Klientel wie die seine ein Klacks, sagt Prager. »Es ist ja kein Wunder: Meine Kunden, vor allem Männer, haben keine Partnerin, weil sie so viel arbeiten. Worüber sie aber durchaus verfügen, ist Geld.« Er wirkt amüsiert. Irgendwie scheint er selbst nicht so recht zu glauben, dass er mit seinem Kuppelservice sein Leben finanziert.

Die Frage ist, ob Menschen, die weder die Zeit noch die Lust haben, selbst Kontaktanfragen zu versenden, sich tatsächlich nach einer Beziehung sehnen – oder ob der Leidensdruck vielleicht doch nicht groß genug ist. »Ich habe auch meine Zweifel, wie ernst es meinen Kunden ist«, gibt Prager zu, »ich erlebe es oft, dass sie den Zeitraum nach der ersten Verabredung, in dem man sich noch einmal melden sollte, verstreichen lassen. Sie sind dann drei Wochen auf Dienstreise oder anderweitig beschäftigt. Aber gerade am Anfang muss man Zeit in ein Kennenlernen investieren – ohne dass man weiß, was daraus wird. Ich glaube, meine Kunden hätten gerne das Endergebnis: eine tiefgehende, solide Beziehung und auch irgendwann Familie. Aber für den Weg dorthin möchten sie am liebsten eine Abkürzung nehmen.«

Vor seiner Tätigkeit als Online-Kuppler hatte Prager eine ganz andere Karriere: Er war Drehbuchautor in Hollywood, schrieb unter anderem an der Serie »Southpark« mit und hatte eine leitende Position beim Fernsehsender HBO. Doch irgendwann war er das Schlangennest Hollywood leid. »Ich hatte das Gefühl, dass meine Kreativität ausgesaugt wird und ich viele Shows nur deshalb mache, damit ich meine Rechnungen bezahlen kann.« Er schlug einen anderen Weg ein: Er zog nach New York, ging noch mal an die Uni und wurde Therapeut.

»Nach außen hin sieht mein Karrierewechsel vielleicht drastisch aus, aber er fühlt sich nicht so an. Drehbuchschreiben ist dem, was ich jetzt mache, sehr ähnlich. Wenn man in Hollywood erfolgreich sein will, muss man Menschen und Beziehungen lesen können. Man muss wissen, wie man Leute manövriert. Außerdem habe ich in L.A. immer, wenn ich mal nicht gearbeitet habe, meinen Freunden Beziehungstipps gegeben. Man kann sagen: Ich war Experte auf dem Gebiet, bevor ich meinen Abschluss als Therapeut hatte.«

Aufgeflogen sei er nur einmal, erzählt Prager. Ein Kunde war mit einer Frau verabredet, die ihm beim ersten Date gestand, einen Sohn zu haben und dies nicht in ihrem Profil angegeben zu haben. »Daraufhin erzählte mein Kunde, dass die Mails, die sie bekommen hatte, nicht von ihm stammten.« Kam es zum Eklat? »Nein, von wegen! Die Frau fand es originell«, sagt Prager und versichert: »Jeder, wirklich jeder träumt davon, den Teil des Kennenlernens, bevor man sich mit jemandem trifft, auszulagern.«

»Liebe ist kein Zufall« –
Ein neues Verständnis einer effektiven Partnersuche

Genau wie die Partnerbörsen verkauft auch Matt Prager eine »Illusion der Machbarkeit«, wie es einmal in einem FAZ-Artikel über die Liebe im Netz hieß.

Eine ganze Single-Industrie macht den Alleinstehenden heute klar: Einsamkeit ist ein Zustand, der sich ohne Weiteres beheben lässt. »Wir verlieben Sie!«, »Liebe ist kein Zufall«, »In drei Schritten zu Ihrem Traumpartner« – die Slogans der Partnerbörsen, die einem im Fernsehen, in Zeitschriften und auf Nachrichtenportalen begegnen, suggerieren, dass die Liebe heute nicht mehr eine Frage des Schicksals ist, sondern etwas, das einem im Handumdrehen widerfahren kann – wenn man nur beim richtigen Anbieter ist. Eine Zeit lang warb Neu.de mit einer Geld-zurück-Garantie: Wer nach einem Jahr noch keinen Partner gefunden hatte, sollte seinen Einsatz wiederbekommen.

Partnerbörsen erklären den Zufall, diesen launischen Liebesschöpfer, zum Gegner, den es auszuschalten gilt. Sie stellen ihre Systematik, ihre wissenschaftlichen Methoden seiner Planlosigkeit entgegen. Sie behaupten, dauerhafte Liebe habe mehr mit psychologischen Kategorien der Übereinstimmung zu tun als mit Intuition und Glück.

Und ihre Mitglieder glauben es. Das Gütesiegel »wissenschaftlich gestütztes Verfahren« befreit sie aus ihrer Passivität, zu der sie das Warten auf den Zufall verdammt hat. Sie können nun endlich aktiv werden, etwas für ihr Glück tun. Sie nehmen ihr Schicksal einfach selbst in die Hand. Sie sind Amors Albtraum.

Glich der traditionelle Liebessucher einem einsamen Angler, so haben ihm die Partnerbörsen mit ihren riesigen Datenbänken ganze Schleppnetze in die Hand gegeben, schreibt Klaus Werle in »Die Perfektionierer«. Wie Frank, der Projektmanager aus Berlin, überlegen sich Millionen von Singles, die sich einen Partner wünschen: Wie kann ich möglichst effizient jemanden kennenlernen, wo finde ich die Person, die exakt zu mir passt? Wo treffe ich die meisten Singles auf einmal? Die Antwort lautet: im Supermarkt der Liebe. Er hat rund um die Uhr geöffnet, und die Auswahl ist gigantisch. Treten Sie ein! Greifen Sie zu! Wollen Sie diese Person in den Warenkorb legen? Umtausch nicht ausgeschlossen! Klicken Sie durch. *Wir verlieben Sie.*

Tag 34 bis 71

Tag 34 – Speeddating, oder:
Sozialsport kann so anstrengend sein

Ich will nicht nur online nach der Liebe suchen, sondern auch analog. In jeder deutschen Großstadt finden regelmäßig Speeddating-Veranstaltungen statt. Außerhalb des Aufmerksamkeitsradars aller Pärchen rattert eine Verkupplungsmaschine, am Laufen gehalten von Eintrittsgeldern, angetrieben von der Sehnsucht nach Zweisamkeit.

Ich gebe zu, in meiner Vorstellung vereint Speeddating alles, was man an der modernen Partnersuche so zweifelhaft finden kann: die Künstlichkeit der Situation, die Konsumhaltung, die gespielte Bemühtheit. Meine Freundin Ruth begleitet mich, sie ist kurzfristig für eine andere Freundin eingesprungen, die dann doch fand, »das sei nicht so ihr Ding«, woraufhin ich etwas sauer war. Schließlich ist es ja auch nicht »mein Ding«, sondern ein soziales Experiment, das ich als Journalistin spannend finde. Dass ich hier ernsthaft einen Mann kennenlernen könnte, glaube ich nicht. Als wir ankommen, lassen wir den Blick durch den Raum schweifen: Sind das Kandidaten oder ganz normale Parkcafé-Gäste? »Hoffentlich macht der da drüben nicht mit!«, murmelt Ruth.

Den Begrüßungssekt schlagen wir aus und entscheiden uns für Apfelschorle, Ruth und ich sind wahnsinnig verkatert. Am Abend zuvor war der Junggesellinnenabschied einer Freundin. Klar, dass wir uns als Loser fühlen: Während sie am Horizont schon den Hafen der Ehe sieht, stehen wir bocklos bei einem Speeddating herum.

Nachdem kurz die Regeln erklärt werden, geht es endlich los. Mein erster Kandidat ist ein etwas klein geratener, aber sehr netter Augsburger, der bei Audi arbeitet und in seiner Freizeit mit dem Fahrrad über die Alpen fährt. Der nächste ist gebürtiger Däne, hat einen charmanten Akzent und stellt Satellitenschüsseln in der Atacama-Wüste auf. Dann ein Banker. Dann noch ein Automobilmensch. Dann noch ein Banker, ein Sozialpädagoge, ein Polizist (Kripo), ein Fondsmanager, ein Ingenieur von BMW, der konzerneigene Oldtimer restauriert, noch ein Polizist (Streife) und noch ein Ingenieur. Mit den beiden Polizisten rede ich über »Tatort« und ob das eigentlich ein Riesenschwachsinn ist, was da jeden Sonntag als Polizeialltag verkauft wird. Und mit dem Fondsmanager über Gerhard Polt, er ist ein großer Fan. Mit dem BMW-Menschen ist es am nettesten: Eigentlich lachen wir die ganze Zeit. Es geht um Rauchbier (ich komme aus Oberfranken) und Dialekt (er kommt aus der Oberpfalz).

Alle sieben Minuten ertönt eine Klingel, und ich wechsle den Tisch. Wer war noch mal der mit der Südafrikareise? Welcher Mann trainierte doch gleich für den Marathon? Nach vier Kandidaten beginnt alles zu einer großen Smalltalk-Suppe zu verschwimmen.

Aber ich amüsiere mich mit allen. Von zwölf Männern ist nicht einer dabei, bei dem ich mir wünschen würde, die Zeit verginge schneller. Zehn sind richtig nett. Zwei supernett und obendrein noch attraktiv. Keine schlechte Bilanz. Am Abend kreuze ich auf der Internetseite des Veranstalters den BMWler und noch drei andere an. Alle vier wollen mich offensichtlich auch wiedertreffen – denn wenig später bekomme ich eine Benachrichtigung, dass die Veranstalter unsere Kontaktdaten freigeschalten haben.

Dafür, dass ich im Turnschuh-Schluffi-Outfit und mit großer innerer Skepsis zu der Veranstaltung gegangen bin, fühle ich mich jetzt, ja, wie ein begehrter Single.

Tag 46 – Ich date, also bin ich, oder:
Von Schicksal keine Spur

Zwei Wochen später bin ich mit Simon, dem BMWler vom Speeddating, verabredet. Anders als im Parkcafé lege ich mich diesmal outfitmäßig ins Zeug: Ich föhne meine Haare so lange, dass ich danach eigentlich wieder duschen müsste, weil mir so heiß ist, und probiere mindestens drei verschiedene Arten aus, Kajal um die Augen zu malen.

Als wir uns treffen, stelle ich schnell fest, dass zwischen sieben Minuten und drei Stunden ein gewaltiger Unterschied liegt. Unsere Countdown-Kommunikation im Parkcafé war witzig. Aber jetzt sitzen wir bei einem Italiener in einem nicht-innerstädtischen Münchner Viertel, und das Gespräch ist so zäh wie das Pizzabrot, das Simon zur Vorspeise geordert hat.

Ja, ach, echt. Ist ja interessant. Wo hast du dann studiert? Nein, ich wollte das mit dem Speeddating auch nur mal ausprobieren. Just for fun. Eigentlich nicht meine Welt. Ein Freund hatte mich überredet. Interessierst du dich für Formel 1?

Das sind also Dates. Spüre ich was? Funkt es gerade? Absurd, sich das überhaupt fragen zu müssen. Sein Lachen ist eigentlich toll. Ich mag auch sein Bairisch, seine Bodenständigkeit und die Tatsache, dass er sich viele Kleinigkeiten gemerkt hat, die ich beim Speeddating erwähnt hatte. Aber ich werde das Gefühl nicht los, dass unsere einzige Gemeinsamkeit darin besteht, Single zu sein.

Ich muss an Jeff denken, den ich während meiner Recherchereise durch die USA kennengelernt habe. Wir standen zufällig nebeneinander am Brunnen des Belagio-Casinos in Las

Vegas, unsere Kameras im Anschlag. Wir wollten die Fontänen um 0 Uhr fotografieren, doch die blöden Dinger waren schon abgeschaltet. Daraufhin beschlossen wir, ein Bier trinken zu gehen. Jeff war Chef einer Reinigungsfirma für Wolkenkratzerfassaden. Anfangs, erzählte er mir, musste er immer selbst im Kran stehen, dabei habe er seine Liebe zur Fotografie entdeckt. »Von oben sehen Städte so unglaublich schön aus«, sagte er. Das fand ich so romantisch, dass ich ihn wenig später küssen musste. Wir standen auf der Dachterrasse eines Casinos im 53. Stock, unter uns das Rauschen und Glitzern einer der verrücktesten Städte der Welt. Eine irre Begegnung in einer irren Stadt.

Das Treffen mit Simon hatte nichts von Rauschen und Glitzern. Es war arrangiert und bemüht. Nicht Simon war schuld, sondern das Setting. Von Schicksal keine Spur.

Nachdem er die Rechnung bezahlt hat, radle ich im November-Nieselregen nach Hause und ärgere mich, denn das war noch der Beste von den vier Speeddatern. Ich habe einen sehr großen Bekanntenkreis, es gibt immer eine Freundin, die ich mal wieder treffen müsste, ich habe grundsätzlich zu wenig Zeit für Wohnung putzen, Sport und meine Steuer. Anders gesagt: Für so fade Dates ist einfach kein Platz in meinem Leben.

Tag 71 – Zweiter Anlauf Parship: Jetzt will ich's wirklich wissen

Nachdem meine Partnersuche bei ElitePartner eher schleppend vorangeht, melde ich mich nach zwei Monaten auch noch bei Parship an. Wieder kämpfe ich mich durch einen Parcours unzähliger Fragen:

Legen Sie Wert auf geregelte Mahlzeiten?

Wie kleiden Sie sich am liebsten (leger, sportlich, praktisch …)?

Welche dieser drei Pflanzen betrachten Sie am liebsten (zu sehen sind: eine Orchidee, eine Rose und so eine fancy Blume, deren Blüte aussieht wie der Schnabel eines Vogels)? Man muss auch Bilder von Traumszenen deuten, die eine bestimmte Atmosphäre ausdrücken. Bei anderen Bildertests muss man entscheiden, welche Darstellung man besser findet: eine, bei der ein kreisförmiger Pfeil auf die Ecke links unten zeigt, oder eine, bei dem ein kreisförmiger Pfeil auf die Ecke rechts oben zeigt?

Ich habe keine Ahnung, was die Betreiber von Parship damit bezwecken wollen. Aber der Test wirkt mehrdimensionaler, aufwändiger und weniger durchschaubar als der von ElitePartner.

Doch beim Durchsehen der Partneranfragen und Profile geht es mir ähnlich wie bei meinem ersten Online-Börsen-Versuch. Bei jedem Mitglied finde ich ein Ausschlusskriterium. Zu klein. Nicht aus München. Hört Schlager. Ich schreibe eine Handvoll Männer an, bei mehr kann ich mich beim besten Willen nicht überwinden. Die Antworten, die ich bekomme, sind standardisiert und leer.

Was das Matching angeht, werde ich immer skeptischer: Bei Parship sind Matching-Punkte bis 140 möglich. Ich klicke nur Kandidaten an, mit denen ich deutlich über hundert Punkte habe. Aber was nützen mir eine Matchingzahl von 120 und eine Übereinstimmung in »beziehungsrelevanten Persönlichkeitsmerkmalen« wie Durchsetzungsvermögen, wenn jemand »Chip – das Computermagazin« als das letzte Buch angibt, das er gelesen hat?

Das vorherrschende Gefühl beim Durchsehen der Profile: ihh, weg, oh Gott. Dieser Impuls wird einmal sehr treffend in »Sex and the City« beschrieben, jener Serie, die ja – abgesehen vom ganzen New-York-Mode-Quatsch – nichts anderes als »Telekolleg: Partnersuche« ist. In der besagten Folge erzählt die Hauptfigur Carrie ihren Freundinnen von ihrem neuen Freund, einem russischen Künstler, der für sie Klavier spielt und ihr Gedichte vorliest. »Ick« sagen ihre postmodernen Freundinnen daraufhin und verziehen das Gesicht. Ick ist ein sich Schütteln, die intuitive Aversion gegen etwas, das man als »too much« empfindet. Geringer dosiert okay, aber ohne ironische Brechung nach dem Jahr 1980 nicht mehr tragbar.

Die Männer, mit denen ich in Kontakt bin, schreiben: »Hallöchen, schöne Unbekannte.« Oder: »Kann die sexy Lady auch genießen?« Oder: »Romantik heißt für mich, meiner Partnerin bei einem Picknick die Füße zu massieren und sie mit Erdbeeren zu füttern.« Ick, ick, ick! Klar, die Männer versuchen zu antizipieren, was gut ankommt. »Schöne Unbekannte« steht für Höflichkeit und Komplimente-machen-Können. »Fußmassage« signalisiert Fürsorge und ultimative Hingabe. Nur wo jemand gehört hat, dass »sexy Lady« gut bei Frauen zieht, ist mir ein Rätsel.

Ich gebe zu, dass wir modernen Frauen es Männern nicht leicht machen. Natürlich finde ich es gut, wenn ein Mann Gefühle zeigen kann, aber es darf auch nicht zu viel sein. Er sollte lässig sein und ein wenig unnahbar, sein Interesse muss etwas Beiläufiges haben, nichts unterwürfig Schleimiges.

Das Hauptproblem: das Textliche. Ich reagiere sehr allergisch auf abgegriffene Formulierungen (»Pferde stehlen«, »Seele baumeln«), und, auch wenn das pingelig klingt, auch auf Kommafehler, dass-das-Verwechslungen und den übermäßigen Gebrauch von Satzzeichengesichtern. Ich kann das leider nicht abstellen. Mit Sprache intelligent umzugehen, ist mein Beruf. Meine Leidenschaft. Ein Gourmetkoch hätte doch auch ein Problem mit einer Frau, die am liebsten Ravioli aus der Dose isst, oder?

Nicht nur sprachliche Schablonen sind mir zuwider, auch romantische Klischees: Vier-Euro-Samtrosen vom Bahnhofskiosk deuten nicht auf »eine gefühlvolle Ader« hin, sondern auf Einfallslosigkeit. Überhaupt ist hingeschriebene Romantik etwas anderes als echte, möchte ich meinen Interessenten sagen. Neben dicken alten Frauen im Café Torte essen. Rücken an Rücken sitzen und lesen. Sich mittags betrinken und Sex haben. Zu zweit »Wetten, dass …?« schauen und sich vorstellen, man hätte – jetzt im Moment – Kinder. Das ist romantisch. Zumindest für mich.

Die Mitglieder, die mich anschreiben, nehmen meist gar nicht Bezug auf mein Profil. Ich habe den Eindruck, die Nachricht, die sie mir schicken, geht an 2000 Frauen gleichzeitig. Reichweitenmaximierung dank Stückzahlstreuung. Sie hoffen, 1000 davon schalten nun ihre Profilbilder frei, und erst dann treffen sie die eigentliche Auswahl. Natürlich ist es lächerlich zu glauben, man wäre in dem Supermarkt mit dem gigantischen Angebot ein Premiumprodukt, das aus der Masse heraussticht. Mich kränkt die Massenmailversendung trotzdem.

Sehr verstörend sind auch die Mitglieder, die mich ungefragt mit intimen Informationen überhäufen. Nach rund zwei Monaten meiner Mitgliedschaft bekomme ich eine Anfrage von einem Mittdreißiger, der bei Familienstand »verwitwet« angegeben hat. Warum tut er das? Warum entscheidet er sich nicht für »Single« und rückt mit der großen Katastrophe heraus, wenn man sich ein bisschen besser kennt? Was will jemand damit bezwecken: »Bitte pass besonders auf, ich habe schon mal die Liebe meines Lebens verloren?« Auch seine Anfrage lasse ich unbeantwortet. Ich fühle mich in der Welt des Online-Datings mit seinen unverständlichen sprachlichen Codes noch reichlich unwohl.

4

Liebe geht durch's Vorhirn – Wie wir die Partnersuche psychologisch überfrachtet haben

Kann man in einem verschwitzten T-Shirt die große Liebe finden? Drei Studenten der Technischen Universität München sind der festen Überzeugung, dass sich im Körpergeruch der Schlüssel zur Partnerwahl verbirgt. Genauer: im genetischen Code, der ihm zugrunde liegt.

Andreas Reichert, Student der molekularen Biotechnologie, hat mit zwei Kommilitonen Gmatch gegründet, die bislang einzige Partnerbörse in Deutschland, die genetisches Matching anbietet. Wattestäbchen, DNA-Abstrich, Kompatibilitäts-Prognose – für einmalig 139 Euro analysiert Gmatch eine bestimmte Sektion der DNA, das Humane Leukozyten-Antigen, auf dem unser immunologisches Programm gespeichert ist.[9]

Was das mit der Partnerwahl zu tun hat? Weil wir von der Natur so programmiert sind, dass wir möglichst gesunden Nachwuchs zeugen wollen, tendieren wir dazu, unterbewusst jene Menschen attraktiv zu finden, deren Immunsystem sich am stärksten von unserem unterscheidet – und damit fortpflanzungstechnisch am besten ergänzt.

Die Erkenntnisse, auf die sich Anbieter wie Gmatch oder GenePartner in Zürich berufen, gehen auf Experimente zurück, die in den Neunziger Jahren unter anderem an der Uni-

---

[9] Die Gebühren liegen etwa vierzig Euro unter dem, was die Marktführer Parship und ElitePartner für drei Monate verlangen.

versität Bern durchgeführt wurden. Dabei mussten Frauen an getragenen T-Shirts von Männern riechen und anschließend darüber Auskunft geben, welchen Körpergeruch sie besonders anziehend fanden. Das Ergebnis: Sexy war, wer den Breitband-Immunschutz garantierte.

Wenige Wochen, nachdem man sein Wattestäbchen an Gmatch geschickt hat, erhält man einen Umschlag mit dem Ergebnis: Singles können von nun an passend zu ihrem Immunprofil in der Partnerbörse nach kompatiblen Kandidaten suchen (abgesehen von der Genanalyse ein konventionelles Portal mit den üblichen Steckbriefkriterien Foto, Beruf, Interessen). Paare, die sich ihr Zusammenpassen bescheinigen lassen wollen, erhalten mit dem Umschlag eine Punktezahl zwischen 1 und 10. Alles über sechs Punkten sei sehr gut, sagt Gmatch-Gründer Reichert. Schon erstaunlich: Nicht einmal DNA-Analysen sind zu komplex, als dass man das Ergebnis am Ende nicht in einer 10-er Skala darstellen könnte, die auch ein Grundschüler versteht.

Genetisches Matching klingt, als hätten Orwell, Bradbury und Huxley über die Liebe im Jahr 2012 gebrainstormt: Paarbildung als eine biochemische Zwangsläufigkeit, ermittelt im Labor, errechnet per Algorithmus. Nicht etwa ein aus der Reihe tanzender Eckzahn oder ein gemeinsames Faible für Benn-Gedichte soll der Grund dafür sein, warum sich Menschen ineinander verlieben, sondern das evolutionäre Erbe, das uns mit unsichtbarer Hand steuert. Die Himmelsmacht schrumpft zur Wattestäbchen-Wahrscheinlichkeit. Wer will es so genau wissen?

Momentan noch nicht allzu viele: Gmatch hat nur ein paar hundert Mitglieder – nicht nur genetisch gesehen ein ziemlich kleiner Pool, in dem man da fischen kann. Zudem stößt ein solcher Anbieter gerade im datenschutzbesorgten Deutschland auf Vorbehalte – zu groß die Bedenken, DNA-Informationen einem Unternehmen anzuvertrauen.

Auch wenn Partnerbörsen wie Gmatch ein Nischenphänomen sind und wohl auch bleiben: Es ist auffällig, mit wie viel wissenschaftlichem Gewese der Liebe heute zu Leibe gerückt wird. Ratgeber, Partnerbörsen, Therapeuten – unzählige Experten meinen, die Zauberformel für das ewige Glück zu zweit gefunden zu haben. Wissenschaftlich unterfüttert durch »Erkenntnisse« der Psychologie, Soziologie, Biochemie, Philosophie oder Ökonomie. Und mit jeder Menge Geschäftssinn aufbereitet.

Immer wieder taucht dabei vor allem ein Begriff auf: Matching – das populärwisseschaftliche Konzept der Paarbildung. Das Wort der Stunde stammt ursprünglich aus dem Bereich der Arbeitsvermittlung. In seiner Trait-und-Factor-Theorie von 1909 beschreibt der amerikanische Ingenieur und Sozialreformer Frank Parsons Arbeitnehmer als dann am produktivsten, wenn sie bei einer Tätigkeit eingesetzt sind, die am besten ihren Fähigkeiten entspricht – eine Erkenntnis, die uns heute nicht sehr revolutionär vorkommt. Aber vielleicht steht dieses Schicksal dem Liebes-Matching ja auch bevor. Vielleicht finden wir es in fünfzig Jahren vollkommen normal, unseren Partner wie einen Arbeitsplatz zu wählen: profilgenau passend gemäß bestimmter Anforderungskriterien. Und abgesichert durch eine mathematische Formel. *It's the algorithm, stupid!*

»Das mit uns habe ich mir anders vorgestellt« – Die Checkliste in unserem Kopf

Friederike Knappe aus Hamburg hat eine sehr genaue Vorstellung von der Liebe im Allgemeinen und dem perfekten Match im Besonderen. Ich habe die 33-Jährige auf einer Dienstreise kennengelernt. Sie saß mir in einem dieser Vierer-Sitzgruppen im ICE gegenüber und hatte erst einen Psychotest in einer Frauenzeitschrift gemacht und sich dann aus den Magazinen NEON und Psychologie Heute Expertenzitate herausgeschrieben. Auf meine fragenden Blicke hin kamen wir ins Gespräch – erst redeten wir nur über die Zeitschriften vor uns auf dem Tisch. Aber es dauerte nicht lange, da sprachen wir auch über Privates. Friederike erzählte mir, dass sie seit ihrer letzten Beziehung viel darüber nachgedacht habe, warum sie sich in ihren damaligen Freund verliebt hatte. Vor ihrer nächsten Beziehung wolle sie erst mal mehr über sich erfahren und sich der Liebe nur »theoretisch nähern«. Das fand ich reichlich ungewöhnlich – und bat sie um ein Interview.

Einige Wochen später sitze ich in einem Fünfziger-Jahre-Sessel in ihrem Hamburger Zwei-Zimmer-Apartment und trinke Tee. Selbst genähte Vorhänge, über ihrer Kommode zwei Hirschgeweihe, an denen Ohrringe und Ketten hängen – Friederikes Zuhause wirkt so einzigartig und liebevoll, wie Friederike gerne auch als Partnerin wäre. Doch da ist kein Mann, der ein solches Leben mit ihr teilen möchte. Beruflich läuft alles prima, Friederike arbeitet als Grafikerin für eine renommierte Werbeagentur, die unter anderem von Nike und größeren Buchverlagen beauftragt wird.

Die 33-Jährige mit den langen braunen Locken und dem kleinen Leberfleck über dem rechten Mundwinkel hatte eigentlich erst zwei richtige Beziehungen. Eine von 18 bis 21 mit einem Jungen aus ihrer Kollegstufe. Es ging auseinander, als Friederike nach Hamburg zum Studieren zog. Die zweite zwischen 27 und 30, die Beziehung endete abermals genau nach drei Jahren. Jetzt ist Friederike wie so viele Singles unumwunden kompromisslos: Beim nächsten Mal muss es hundertprozentig passen, sonst wolle sie sich gar nicht darauf einlassen. Entweder oder. Sie sucht das perfekte Match.

Vor einem halben Jahr hatte sie Carsten kennengelernt, ebenfalls Grafikdesigner. Sie waren sich auf der Buchmesse ein paar Mal über den Weg gelaufen und zufällig mit demselben Zug von Frankfurt zurück nach Hamburg gefahren. Sie verstanden sich auf Anhieb. Carsten war zwar schon 43, aber ansonsten passte alles sehr gut. Der ironische Sound seiner E-Mails. Sein Faible für alte Plattenspieler. Seine puristisch eingerichtete Dachgeschosswohnung.

Was Friederike erst nach zwei Monaten herausfand: Carsten war ein Gesundheitsapostel. Kein Fast Food. Kein Alkohol. Nur Biofleisch und früh ins Bett. Weil er gleichzeitig zum Missionarischen tendierte, hatten sie sich nach fast jeder Party gestritten. »Ich musste mich dauernd rechtfertigen, wenn ich etwas getrunken hatte.« Friederike spürte, dass sie einfach nicht zusammenpassten. Am Sonntag um halb acht Uhr aufzustehen, »um beim Spaziergehen die Binnenalster für sich zu haben«, dafür fühlte sie sich mit 33 noch zu jung. Sie beendete das Ganze, und zu ihrer Überraschung hatte Carsten nichts dagegen.

Da stand sie nun im Frühsommer 2011 und wusste nach zwei Beziehungen, zwölf One-Night-Stands und drei Dutzend Mal Partyknutschen vor allem eines: was sie *nicht* wollte. Aber sie konnte natürlich auch formulieren, was sie wollte.

Friederike schenkt Orangen-Hibiskus-Tee nach, stellt die Kanne zurück auf das Stövchen und holt dann zu ihrer Suchbeschreibung aus. »Also, am liebsten wäre mir einer, der beruflich auch etwas Gestalterisches macht – wie ich. Eine gemeinsame künstlerische Ader ist mir total wichtig. Sonst versteht der mich ja gar nicht.«

Außerdem soll er handwerklich begabt und kein Scheidungskind sein (»die haben alle einen Knall«), eine individuell eingerichtete Wohnung haben (»eine Mischung aus Designklassikern, Habitat und Flohmarkt«). Sein Kleidungsstil soll lässig, unkonventionell und chic sein (»keine Outdoorklamotten in der Stadt!«). Er soll große Hände, reichlich Haupthaar und schöne Zähne haben. Beim Satz »Wir müssen reden« nicht die Augen verdrehen. Selbstironie: ganz wichtig. Sushi mögen. Fertigpizza nicht. Er sollte im Job erfolgreich sein, er soll verlässlich sein, aber auch ein bisschen Rock'n'Roll. Er sollte, sollte, sollte. Mit leuchtenden Augen spricht Friederike von ihrem zukünftigen Partner. In ihrem Kopf hat sie ihn schon gefunden.

Ich frage Friederike, ob sie sich schon mal gefragt habe, ob sie zu anspruchsvoll sei. »Natürlich. Meine Freundinnen sagen mir das ständig. Aber ich kann doch nicht aus meiner Haut. Diesen genauen Blick, den ich auf mich selbst und andere habe, kann ich nicht abstellen. Ich verliebe mich eben nicht in Männer, die glauben, die Schrift Comic Sans sehe irgendwie lustig aus, und die Funktionsjacken für ein angemessenes Outfit bei einer Verabredung halten.«

Friederikes No-go-Grenze verläuft entlang ihrer Vorstellung von Ästhetik. Andere Singles ziehen ihre Linie bei Rechtschreibfehlern, der falschen politischen Einstellung oder zu niedrigen Bildungsabschlüssen. Menschen der Mittelschicht stellen weitaus mehr Ansprüche an intellektuelle Eigenschaften und die kulturelle Kompatibilität ihrer Partner als Singles aus der Arbeiterklasse, konnte Eva Illouz zeigen. »Ihre Partner sollten ›intelligent‹ (…), ›originell‹, ›kreativ‹, ›interessant‹ sein, sie sollten (…) ›die gleichen Werte‹, ›den gleichen Lebensstil‹ haben – also allesamt Eigenschaften, die sich in irgendeiner Weise auf Vertrautheit mit den Formen kulturellen Kapitals beziehen«, schreibt die israelische Soziologin in »Der Konsum der Romantik«.

Anders als die »vormoderne berechnende Rationalität«, die die ökonomischen Attribute einer Person im Blick gehabt habe, führe »die heutige romantische Rationalität« dazu, die persönlichen Qualitäten des Partners zu betonen. Illouz' Fazit: Diejenigen, für die eine Beziehung keinen Vorteil darstellt, betrachten die Liebe am ehesten als unvorhersehbare und unerklärliche Regung des Herzens. Dagegen herrsche eine rationale Sicht auf die Liebe bei denen vor, die in ihrer sozialen Mobilität nach oben ausgerichtet und darum besorgt sind, ihren Status zu erhalten und zu maximieren. Vor allem Angehörige der oberen Mittelschicht, besonders die Frauen, lieferten in Illouz' Studie sehr detaillierte Eigenschaften, die bei ihren Partnern wünschenswert waren. Wobei natürlich allen Singles gemein ist, jegliches Strategiedenken in der Partnerwahl von sich zu weisen, vor allem im Hinblick auf Einkommen und Status. Der »Anschein der Interesselosigkeit« muss gewahrt werden. (Der Anschein deckt sich übrigens nicht mit der Realität: Freiberufler, Künstler und Studenten haben nachweislich einen schlechteren Stand bei Partnerbörsen.)

Und so verlaufen die psychologischen Erwartungen und No-go-Grenzen bei der Suche nach der Liebe nicht entlang von Einkommensschichten oder Bildungsniveaus – zumindest nicht direkt. Sie werden entlang von Lebensstilen formuliert.[10] Das Gespür, diese Grenzen ausfindig zu machen und zu benennen, ist extrem gut ausgeprägt – wie man auch an Friederikes K.o.-Kriterien Comic Sans und Outdoorjacke sehen kann. So oder so: Am Ende folgt ihre Partnerwahl dem Prinzip »stick to your own kind«, wie es in einem Lied der »West Side Story« heißt: »Bleib bei deiner Art«.

Modern Stalking – Rasterfahndung per Googlesuche, oder: Der Siegeszug der Küchenpsychologie

Friederike gehört einer Generation an, die psychologisch bewandert ist wie wahrscheinlich kaum eine vor ihr. Auch das hat die Partnersuche erschwert, weil es die Liebe – leicht und spontan gemäß dem romantischen Ideal – mit einem doppel-

---

10 Abgefragt werden diese in den Partnerbörsen etwa darüber, wie man am liebsten wohnen möchte: in einem urbanen Loft, einem Haus im Grünen, einer Altbauwohnung usw.; oder über die kulinarischen Vorlieben: gutbürgerlich, modern / fusion, asiatisch.

ten Boden versehen hat, mit einer Metaebene an Reflexion und Analyse. Wo erst mal nur das Herz am Zug wäre, ist von Anfang an der Verstand dabei.

Die Psychologie hat die Soziologie längst als Welterklärungslehre Nummer eins abgelöst. Eine ganze Industrie aus Talkshows, Therapeuten und People-Magazinen gründet darauf, über das Innenleben anderer Menschen zu spekulieren. Um in Lindsay Lohans Seele zu blicken, müssen wir nicht ihre beste Freundin fragen oder ihren Therapeuten kennen: Es reicht, ein Klatschblatt zu lesen, dann wissen wir, warum sie so dünne Ärmchen hat (Bulimie), über angebliche Stalker twittert (narzisstische Persönlichkeitsstörung) und sich die Haare verlängern ließ (Identitätskrise).

Was das alles mit der Liebe zu tun hat? Der Siegeszug der Seelenkunde hat die Partnersuchenden von heute zu Experten gemacht. Die Laienpsychologen praktizieren mit ihrem Halbwissen nämlich vor allem im Fachgebiet »zwischenmenschliche Beziehungen«: Der Typ wohnt noch in seinem Elternhaus? Ödipaler Komplex. Zugenommen? Trennungsschmerz. Akne im Gesicht? Essstörung, Depression, Drogen. Immerhin ist die Haut der Spiegel der Seele!

»Eigentlich sind wir heute psychologisch gesehen permanent überfordert«, sagt Markus Schroer, Soziologieprofessor an der Universität Marburg. Anders als frühere Generationen sind wir ständig mit neuen Menschen konfrontiert, in anderen Städten, neuen Jobs, fernen Ländern. Hinzu kommen die Personen, denen wir nie begegnen werden, die bizarrerweise aber trotzdem eine Rolle in unserem Leben spielen: Prinz William, Angela Merkel, Lady Gaga. Dieser psychologischen Überforderung versuchen viele Herr zu werden, indem sie schematisieren. »Wir können nicht jedem Einzelnen in seiner biografischen Ich-Werdung folgen und daher in einem Urteil gar nicht gerecht werden«, sagt Schroer.

Vor allem das Fachwissen über Paarbeziehungen ist so

groß wie nie. Bindungsangst, Nähe-Distanz-Problem, Distanzbedürfnis – Begriffe, die bis vor wenigen Jahrzehnten nur Psychologen und Therapeuten benutzt haben, sind in den allgemeinen Sprachgebrauch übergegangen. Der therapeutische Diskurs hat unser Vokabular durchdrungen, aus dem Gesprächslärm jeder beliebigen Großstadtkneipe sind Sätze zu hören wie: »Er kann einfach keine Gefühle zulassen.« »Ich muss mal das Muster meiner Partnerwahl durchbrechen.« Und immer wieder der Klassiker: »Ich bin ja eher der Typ so und so.«

Die Liebesklugen von heute meinen die Gesetzmäßigkeiten romantischer Beziehungen komplett verstanden zu haben. Oder wie Eva Illouz es in einem Interview mit der taz formuliert hat: »Wir lieben, aber wir reflektieren gleichzeitig unsere Erfahrungen und denken all die psychologischen Diskurse über die Liebe mit: Ich liebe diese Person, weil sie mich an meinen Vater erinnert. Oder weil ich Opfer der Romantikindustrie bin und daher auf den großen Prinzen warte.«

Vor allem das Internet, genauer: das Web 2.0 hat den Vormarsch der Küchenpsychologen begünstigt. Besonders die Digital Natives, also jene Generation der heute Dreißigjährigen, die mit dem Internet erwachsen wurden, sind extrem versiert darin, Menschen online aufzuspüren, zu typisieren und abzuchecken. »Wir sind im Alltag ständig mit jeder Art von Recherche vertraut. Da kommt man leicht auf die Idee, diese Praxis auch bei der Partnersuche anzuwenden«, sagte die Salzburger Soziologieprofessorin Kornelia Hahn vor Kurzem in NEON.

»Recherchierst du potentiellen Partnern auch im Netz hinterher?«, frage ich Friederike. »Na klar, oft habe ich noch die Jacke an und fahre schon den Rechner hoch, um den Namen eines Mannes zu googeln, den ich gerade auf einer Party kennengelernt habe.« Sie sei einfach zu neugierig, und überhaupt müsse sie ja abklären, ob sich der Aufwand lohne. Auch das höchst rational – schon vor einem Rendezvous herausfinden zu wollen, ob der Mensch, der einem bald gegenübersitzen wird, die ersten oberflächlichen Anforderungen erfüllt.

Friederike ist keine Ausnahme: Jeder Dritte zwischen 20 und 35 informiert sich online über neue Bekanntschaften, hat eine Umfrage von TNS-Infratest ergeben. Ganz selbstverständlich wird nicht nur mit Vor- und Nachnamen gesucht, sondern mit Zusätzen wie »Universität Bayreuth« oder dem Geburtsort, um die Ergebnisse einzugrenzen. Besonders Investigative durchforsten die Facebook-Alben der Freunde der jeweiligen Person, in der Hoffnung, ein Party- oder Obenohne-Urlaubsfoto zu finden. Oder sie geben, sofern bekannt, die E-Mail-Adresse bei Google ein und stoßen so womöglich auf Foreneinträge oder andere Webseiten, bei denen der Betreffende nicht seinen ganzen Namen, wohl aber seine E-Mail-Adresse hinterlassen hat. Die Digital Natives haben mit ihrer Internetkompetenz ein neues Phänomen hervorgebracht: Modern Stalking – es gibt kein Entkommen.

Statt nach der Telefonnummer zu fragen, was immer noch als ein eindeutiges Signal dafür gilt, »interessiert zu sein«, erkundigen sich die Freizeitfahnder lieber nach dem Nachnamen des anderen. Das ist weniger verbindlich und gleichzeitig aussichtsreicher, weil sich mit dem Facebook-Profil der erste Eindruck unauffälliger überprüfen lässt als mit einem Anruf. Die Möglichkeit zur Kontaktaufnahme hat man in den sozialen Netzwerken ja trotzdem. Achtzig Prozent der Erwachsenen zwischen 20 und 35 haben kein Problem damit, dass Informationen über sie im Netz stehen. Wen wundert es da, wenn sich »Interessenten« vor dem ersten Treffen ein Bild machen?

Seien wir ehrlich: Eine Verabredung ist eine Art Greatest-Hits-Album zweier Persönlichkeiten, eine perfekte Verkaufsshow, bei der der nette Typ von der Party bestimmt nicht erwähnen würde, dass er regelmäßig Motz-Rezensionen in

Hotelforen postet: Online ist die Chance, dass man auf die Dinge stößt, die der andere lieber unerwähnt lässt, viel größer. Gleichzeitig geht es bei der Rasterfahndung im Netz darum, Puzzleteile aufzustöbern, die die Persönlichkeit des anderen stimmig werden lassen. Man hofft, Dinge herauszubekommen, die man gut findet. Matching eben. Ein Songzitat bei Facebook, das einem Tränen in die Augen treibt. Stiftung Partnertest. Qualitätsurteil: vielversprechend.

Das Internet hat die Partnersuche zum Produktvergleich gemacht: Man recherchiert online die Basics (wie viel Megapixel hat die Digitalkamera? Wo ist er zur Schule gegangen?), so dass man im Laden beziehungsweise beim Treffen ganz auf sein Gefühl vertrauen kann (wie liegt die Kamera in der Hand? Flattern die Schmetterlinge im Bauch?).

Interessant ist psychologisch gesehen nicht nur die Vorrecherche im Internet, sondern auch der Vorgang des Auswählens, der für Partnerbörsen wie ElitePartner und Parship so typisch ist: Vom Gesicht auf dem Foto, das ja – solange nicht aktiv freigeschalten – unkenntlich ist, sind bestenfalls Umrisse zu erahnen. Die einzigen Informationen, die man (neben der Matchingzahl) zunächst zur Verfügung hat, sind die Postleitzahl, das Alter und der Beruf.

Anhand dieser Kriterien muss man entscheiden: Schaue ich mir das Profil genauer an oder klicke ich weiter? Vor allem der Beruf bekommt dadurch einen ungemein hohen Stellenwert. Architekt, 38, aus 80xxx, oder lieber Programmierer, 35, aus 71xxx? Chirurg oder Grundschullehrer. Anwalt oder Fitnesstrainer. Daumen rauf, Daumen runter. Gefällt mir nicht. Diesen Kandidaten aus den Favoriten entfernen.

Durch die Überbewertung des Persönlichkeitsmerkmals »Beruf« tendiert man zum einen dazu, Leute gut zu finden, die etwas Ähnliches machen wie man selbst: Schlicht weil man meint, diese einschätzen zu können. Dates zu haben, sich auf neue Menschen einzustellen, ist sowieso schon unwägbar und anstrengend genug, da bleibt man lieber auf vertrautem Terrain – und hat gleich ein prima Gesprächsthema, wenn es zum ersten Treffen kommt.

Wenn die einzige Information über jemanden, den man nicht kennt, der Beruf ist, führt das außerdem fast automatisch dazu, direkte Rückschlüsse auf die Persönlichkeit zu ziehen – und die Stereotypen-Maschine anzuwerfen: Steuerberater – Erbsenzähler. Immobilienmakler – Geldschnösel. Sozialarbeiter – Schluffi. Die meisten von uns haben Vorurteile dieser Art. Und zwar genau so lange, bis wir einen Menschen kennenlernen, der aufs Charmanteste widerlegt, dass alle Beamten spießig oder alle Friseure schwul sind. Nur: Zu dieser Begegnung kommt es in diesem Fall nicht, weil alle mit dem »falschen« Beruf vorher aussortiert werden. Ebenso wie die, bei denen vermutlich kein hohes Einkommen zu erwarten ist. Künstler, freie Autoren und Studenten zum Beispiel.

Dabei ist es nicht so, dass ab dreißig plötzlich alle zu kalten Materialisten werden: Man stellt den Suchfilter schlicht deshalb so engmaschig ein, weil man es kann. Weil das Prinzip Partnerbörse (»Zehn Millionen Singles in ganz Europa warten auf Sie«) geradezu darauf ausgelegt ist, brutal auszusortieren. Weil man, selbst wenn man nur nach gut verdienenden Akademikern über 1,90 sucht, die in ihrer Freizeit gerne surfen, noch ein Dutzend Partnervorschläge bekommt.

Durch die nie versiegende Auswahl an Singles im Internet kann man ungestört einem falschen Ideal nachjagen. Denn wer sagt einem, dass der fröhliche Krankenpfleger nicht besser zu einem passt als der desillusionierte Chirurg, der aufgrund seiner unmenschlichen Arbeitszeiten stets kurz vor dem Burn-out steht?

Viele Online-Dater, mit denen ich für das Buch gesprochen habe, sagten, dass sie eher nach Leuten Ausschau halten, die – optisch und beruflich – »über ihnen stehen«. Und berichten von den gemischten Gefühlen, wenn sie Partneranfragen von Mitgliedern bekommen, die in ihren Augen eine Liga unter ihnen spielen: Was fällt diesem dämlich grinsenden Grundschullehrer mit dem Bauchansatz eigentlich ein? Mein Marktwert ist doch wesentlich höher! Der Supermarkt mit dem gigantischen Angebot verpflichtet das Individuum nicht nur zur Suche nach dem bestmöglichen Match, sondern vor allem zur Suche nach dem bestmöglichen Deal.

»Paarforscher haben herausgefunden« – Hat die Wissenschaft die Liebe entzaubert?

Auf das Gebiet zwischenmenschlicher Beziehungen ist nicht nur die Küchenpsychologie, sondern auch die professionelle Wissenschaft vorgedrungen. Ein riesiger Output an nützlichem und unnützem Wissen über Männer, Frauen und ihre Gefühle füreinander befeuert Frauenzeitschriften, den Buchmarkt und Quizsendungen im Fernsehen (»Wie liebt Deutschland?«). In einer Zeit, in der die Deutungsmacht von Politik und Kirche schwindet, vertrauen auch wir Laien mehr denn je »aufwändigen Studien« von »renommierten Forschern« der Universität Harvard, Yale, zur Not auch Greifswald.

Was Wissenschaftler alles so herausgefunden haben: Welche Hormone bei Verliebten im Körper kreisen (Adrenalin, Dopamin). Ob Ost- oder Westdeutsche stabilere Liebesbeziehungen führen (Erstere). Wie viele Bakterien beim Küssen von Mund zu Mund wandern (eine Milliarde pro Milliliter Speichel). Ob der Kauf einer Immobilie das Scheidungsrisiko senkt (ja, um 54 Prozent). Ob schönere Menschen es in der Liebe leichter haben (nein). Und ob Paare, deren Vornamen mit dem gleichen Buchstaben beginnen, länger oder kürzer zusammen sind als Paare mit unterschiedlichen Anfangsbuchstaben (erwiesenermaßen Erstere). Man könnte meinen: Die Liebe ist weitgehend erforscht.

Vor allem die Partnerbörsen im Internet machen sich das Urvertrauen in die hehre Wissenschaft zunutze. Von fast jeder dieser Seiten lächelt einem ein weißhaariger Psychologieprofessor entgegen, der das Unternehmen »wissenschaftlich berät« und für Seriosität und Autorität bürgt. Genau das hat mich während der Recherche für dieses Buch immer wieder fasziniert: Wie erfolgreich Partnerbörsen die Idee verkaufen, die Liebe sei berechenbar geworden.

Unbedingt wollte ich deshalb das Hauptquartier von eHarmony besuchen, jener US-Partnerbörse, die wohl am meisten auf ihre »wissenschaftlichen Erkenntnisse« hält.[11] Im Oktober 2011 bekam ich endlich eine Zusage für ein Interview. Das Unternehmen hat seinen Sitz in Santa Monica bei Los Angeles – in einem gesichtslosen Bürogebäude, nur wenige Minuten vom schrill-bunten Trubel des Santa Monica Piers entfernt. In Sichtweite befinden sich die Unterhaltungsgiganten Yahoo und Universal, das lässt erahnen, in welcher Liga eHarmony spielt: Innerhalb von zehn Jahren ist das Unternehmen zur zweitgrößten kostenpflichtigen Partnerbörse der Welt aufgestiegen (nach Match) – und das, obwohl die Seite im Ruf steht, einen elitären, christlich-konservativen Touch zu haben. Denn keineswegs jeder, der die Monatsgebühr von 59,95 Dollar berappen will, wird auch genommen. Bei geschätzt jedem Fünften heißt es: Ein aussichtsreiches Match können wir für dich leider nicht finden. Die Absage erfolgt wohlgemerkt erst, nachdem man sich durch die 258 Fragen des Persönlichkeitstests geklickt hat.[12]

---

[11] In Deutschland ist eHarmony mit dreißig Prozent an der Partnerbörse eDarling beteiligt.

[12] Ein interessantes Marketing: Verprellt man mit dem virtuellen Absperrband die Leute, oder lockt man sie, indem man die Partnerbörse zu einer Art In-Club macht? In amerikanischen Internetforen werden raunend-empört Vermutungen geäußert: Die Seite nehme keine bekennenden Atheisten, niemanden, der bereits zweimal geschieden ist, keine Homosexuellen. Auf anderen Seiten werden Tipps gegeben, wie man es schafft »reinzukommen«: »konsistent antworten!«

eHarmony ging im Jahr 2000 online. Der weißhaarige Akademiker, der von der Internetseite lächelt, ist in diesem Fall auch einer der Gründer: Neil Clark Warren, ein Theologe und Psychologe, der zu diesem Zeitpunkt bereits dreißig Jahre darauf verwendet hat, die Zufriedenheit von Eheleuten zu erforschen. In seinen Studien fand er heraus, dass Paare, die bestimmte Eigenschaften teilen, besser und länger zusammenleben als Paare, die sich in ihrem Wesen und ihren Ansichten stark unterscheiden. Der Bestsellerautor (»Finding the love of your life«) entwickelte die »Theorie der geteilten Charaktereigenschaften«, in der er 29 Dimensionen von Kompatibilität unterschied, darunter zum Beispiel Ehrgeiz und Neugier. Eine Ehe werde dann glücklich, so Warren, wenn bei den Ehepartnern mindestens zehn dieser Eigenschaften ähnlich ausgeprägt sind.

Bis heute beruht der Matching-Prozess bei eHarmony auf Warrens Theorie. Etliche Partnerseiten orientieren sich an dem Verfahren. Seit fünf Jahren gibt es »eHarmony Labs«. Die konzerneigene Forschungseinrichtung hat den Anspruch, die Liebe in Warrens Sinne weiter zu erforschen. Deren Internetseite ist gleichzeitig Online-Portal für Wissenschaftliches zum Thema Paarbeziehungen. Der Slogan auf der Webseite der »eHarmony Labs« lautet: »Wer hätte gedacht, dass Liebe und Wissenschaft so gut zusammengehen?« Ich bin mit Dr. Gian Gonzaga verabredet, dem Psychologen der eHamony-Labore. Er sieht ein wenig aus wie eine Mischung aus Clark Kent (dem Nerd, bevor er zu Superman wird) und dem FDP-Politiker Philipp Rösler.

Während wir durch die Gänge zu seinem Büro gehen, erzählt mir der Mittdreißiger, wie so eine eHarmony-Studie eigentlich abläuft. »Rekrutiert werden die Teilnehmer über die eHarmony-Seite oder über Aushänge bei Brautschauen oder in Kirchen. Nach und nach werden sie in die Unternehmenszentrale eingeladen und bei bestimmten Aufgaben beobachtet: Paare müssen zum Beispiel ihren letzten Streit nachstellen oder ihre Kosenamen erklären.« Das Labor besteht aus vier videoüberwachten, beige gestrichenen Räumen (»bei weißen Wänden kann man die Mimik von blonden Menschen nicht so gut erkennen«).

Gonzagas Arbeitsauftrag bestand zunächst darin, Warrens Kompatibilitätsforschung fortzuführen und der Frage nachzugehen, worin das Geheimnis einer langen Paarbeziehung besteht. »Es gibt drei Faktoren«, erklärt Gonzaga mit heiligem Ernst, »du musst von der Person angezogen sein, es muss funken, und du musst dauerhaft gut mit ihr auskommen, sprich kompatibel mit der Person sein.«

Gonzaga kann seinen Text auswendig, er zitiert zig Studien und Statistiken aus dem Stegreif. Er wirkt freundlich, distanziert und ein wenig gelangweilt. Dass das Produkt seiner Arbeit die Liebe ist, jene Regung – meinetwegen ein Zusammenspiel von Hormonen –, wegen der sich Menschen verrückt, unglücklich und zum Affen machen (wie war das noch bei Goethe? »Himmelhoch jauchzend, zu Tode betrübt – glücklich allein ist die Seele, die liebt«). Dass es um nichts weniger als das größte Gefühl der Welt geht, davon spürt man bei eHarmony nichts. Dr. Gian Gonzaga, »Head-Scientist« eines Unternehmens, das behauptet, für 271 Hochzeiten pro Tag verantwortlich zu sein, redet über die Liebe wie über einen fettreduzierten Joghurt.

Und so ist es auch nicht gerade überraschend, dass er auf die Frage nach seiner bisher spannendsten Studie keine von eHarmony zitiert, sondern eine, die er an der University of California in Los Angeles durchgeführt hat. Dort forschte Gonzaga unter anderem zu der Frage, wie man in einer monogamen Zweierbeziehung dauerhaft mit attraktiv wirkenden Alternativen umgeht. Man könnte auch sagen: Gonzaga war am größten Rätsel der Menschheit dran.

Im Rahmen dieser Studie hatten er und sein Team Testpersonen, die im Schnitt seit achtzehn Monaten liiert waren, Fotos gezeigt und entscheiden lassen, welche Personen sie attraktiv fanden und aus welchen Gründen. Danach sollten die Testpersonen eine Situation beschreiben, in der sie entweder große Liebe oder großes Begehren ihrem aktuellen Partner gegenüber empfunden haben. »Das Ergebnis war sehr cool«, erzählt Gonzaga, und für einen Moment erkennt man hinter der Fassade glatter Professionalität, die er sich bei eHarmony antrainiert hat, eine Spur echter Faszination: »Jene Leute, die eine Situation tiefer Liebe beschrieben haben, konnten den Gedanken an eine attraktive Alternative eher unterdrücken als die, die eine Situation großer Leidenschaft beschrieben haben. Doch damit nicht genug: Erstere haben auch vergessen, wie die attraktive Alternative genau aussah. Sie konnten sich noch an Details wie einen roten Pullover erinnern, aber sie konnten nicht sagen, ob diese Person eine gute Figur hatte oder ein attraktives Gesicht. Sie hatten alle Merkmale, die ihre Beziehung bedroht haben, vergessen.«

Seine Frau Heather, ebenfalls Psychologin, hat Gonzaga in dieser Zeit an der Universität kennengelernt. Sie arbeitet inzwischen auch für eHarmony. Eine Frage, die ich mir im Lauf meiner Recherche immer wieder gestellt habe: Wie ist es, wenn man sich beruflich tagein und tagaus mit der Liebe beschäftigt? Wenn man quantitative Umfragen auswertet, Wahrscheinlichkeiten erstellt, wenn man all dieses Wissen anhäuft, warum Menschen sich trennen und was glückliche Paare eint: Ist man dann klüger in der Liebe? Gibt es an diesem größten Mythos der Menschheit noch etwas, was die Liebesforscher selbst nicht verstehen?

»Verstehen oder Nicht-Verstehen ist nicht die Frage«, sagt Gonzaga und lächelt sein Philipp-Rösler-Lächeln. »Seine Partnerwahl nachzuvollziehen und viel über Beziehungen zu wissen, macht die Erfahrung der Liebe nicht weniger wertvoll. Immer wieder heißt es, ich würde die Liebe entmystifizieren. Das ist Quatsch. Wer stets die richtigen Entscheidungen trifft, braucht uns vielleicht nicht, aber wer immer wieder in Beziehungen scheitert und zum Beispiel Partner wählt, die ihn schlecht behandeln, sollte sich mal damit beschäftigen, warum.«

Die Beflissenheit, mit der Gonzaga über seine Arbeit spricht, lässt mich nicht unbeeindruckt. Aber sind die »eHarmony Labs« wirklich mehr als Marktforschung, mehr als Forschung am Kunden? Wenn die Studien des Unternehmens so aufwändig und methodisch sauber sind, warum veröffentlicht eHarmony sie dann nicht in Fachblättern oder stellt sie auf Tagungen vor, so dass andere Wissenschaftler sie überprüfen können?

Aus Wettbewerbsgründen will sich kein Unternehmen der Branche in die Karten schauen lassen, der jeweilige Algorithmus wird gehütet, als handle es sich um die Wegbeschreibung zum Bernstein-Zimmer. Selbst Mitglieder, die es genauer wissen möchten, bekommen kaum mehr zum Matchingverfahren gesagt, als dass es auf Ähnlichkeiten in bestimmten Persönlichkeitseigenschaften beruhe. Oft ist sogar nur von »wissenschaftlichen Erkenntnissen« die Rede – eine verbale Nebelkerze, wie man sie aus der Werbung für Haarwuchsmittel, Diät-Pillen und Anti-Cellulitis-Cremes kennt. So entsteht – zumindest bei mir – der Eindruck, dass der ganze Aufwand vor allem betrieben (oder simuliert) wird, um die hohen Teilnahmegebühren zu rechtfertigen.

Die Frage ist: Warum überhaupt der Anspruch, das Zusammenpassen wissenschaftlich zu unterfüttern? Wäre es für ein Unternehmen wie eHarmony nicht lukrativer, die Leute würden sich nach zwei Jahren trennen und erneut anmelden? Wer für zwei Jahre jemanden gefunden hat, würde wohl kaum behaupten, Online-Dating habe nicht funktioniert.

Auch das bekommt Gonzaga oft zu hören: »Natürlich kann ich den Leuten versprechen: Bei uns lernst du auf jeden Fall jemanden kennen, aber wenn ich sagen kann, dass ich dir aus Millionen von Singles eine Person vorschlage, mit der du bis ans Ende deines Lebens glücklich bist, ist das ein viel größeres Versprechen, für das ich sehr viel mehr Geld verlangen kann.«

Gesucht: Seelenverwandtschaft – Ähnlichkeit als ultimativer Wink des Schicksals

Von Orangen-Hibiskus-Tee waren wir zu Wein übergegangen und von der Suchbeschreibung für den idealen Partner zu Friederikes Vorstellung von Vertrauen und Konfliktbewältigung in einer Beziehung. Es war schön gewesen, mit ihr so lange über die Liebe zu sprechen. Zugegeben: Friederike hatte extrem genaue Vorstellungen. Aber ich habe sie als einen über die Maßen liebenswürdigen Menschen kennengelernt, aktiv, aufgeschlossen, positiv gestimmt und mit sich selbst im Reinen. Ich hatte keinen Zweifel, dass Friederike eine Person war, die ihr Glück finden würde.

Im Zug zurück nach München hörte ich das Band ab. Es war mir im Gespräch nicht aufgefallen, aber da war ein Wort, das sie immer wieder benutzte. Das Wort war: auch. Ihr Traumpartner sollte *auch* was Gestalterisches machen. *Auch* eine individuell eingerichtete Wohnung haben. Er sollte samstags *auch* gern über den Fischmarkt gehen und abends was kochen wollen. Jetzt war es mir klar: Friederike suchte ihr Ebenbild. Nur mit Penis und Haaren auf der Brust.

Ob online oder im analogen Leben – es hat sich die Auffassung durchgesetzt, dass die absolute Glücksformel für das Leben zu zweit in einem simplen Gleichheitszeichen besteht. Je ähnlicher sich ein Paar ist, desto besser. Von wegen: Gegensätze ziehen sich an. Diesem Prinzip mögen ARD-Filme mit Christine Neubauer folgen (sie: chaotische Chocolatière, er: glatter Anwalt), und natürlich jene Hollywood-Komödien, die dafür Pate standen. Doch das echte Leben funktioniert nach anderen Regeln.

Dabei würden wohl die meisten von uns nur zu gern an das Prinzip der Gegensätze glauben – macht es die Liebe doch unwahrscheinlicher, den romantischen Triumph größer. Allein: Wir ahnen, dass es nicht so ist. Und dass stattdessen der andere Oma-Satz zutrifft, wonach sich eben die Kollegen Gleich & Gleich gerne gesellen.

Tatsächlich ist wohl kaum ein Bereich der Paarforschung so gut und konsistent belegt wie die Homogamie, also die Tendenz, dass wir unseren Partner auf der Basis von Ähnlichkeit wählen. Und dass dieses Grundprinzip der Paarbildung entscheidend für die Stabilität von Beziehungen ist.

Bereits 1903 hat der englische Mathematiker Karl Pearson erste Beweise geliefert. Er war der Erste, der Korrelationsrechnungen, mit denen man Ähnlichkeiten und Übereinstimmungen mathematisch bestimmen konnte, auf Eigenschaften von Paaren übertragen hat. Heute gibt es Dutzende Studien, die die Ähnlichkeitsthese bestätigen:

– Der Psychologieprofessor Donn Byrne von der Universität von Albany konnte zeigen, dass Erstsemester jene Kommilitonen am sympathischsten finden, die in Sachen Einstellungen am ehesten so denken wie sie selbst.

– Eine Studie, die 2004 in der Zeitschrift Evolutionary Psychology veröffentlicht wurde, ergab, dass Menschen dazu tendieren, Partner zu wählen, die ihnen im Gesicht ähneln.

– Psychologen der Cornell-Universität im Bundesstaat New York fanden heraus, dass Menschen Partner wählen, bei denen sie die gleichen Stärken vermuten wie bei sich: Schätzen sie sich selbst etwa als ehrgeizig ein, präferieren sie einen ehrgeizigen Partner.

– Der Psychologe Robert Zajonc von der Universität von Michigan konnte nachweisen, dass sich Ehepartner über die Jahre optisch ähnlicher werden.

– Der Wuppertaler Sozialpsychologe Manfred Hassebrauck (der verschiedene Tests für FriendScout24 entwickelt hat) zeigte 1986 in einem Experiment, dass wir Menschen, die uns in Einstellungen ähnlich sind, schöner finden. Und: Dass wir in der Anfangsphase einer Beziehung mehr Ähnlichkeiten zu erkennen meinen, als tatsächlich vorhanden sind.

Auch sozioökonomisch gesehen suchen die meisten nach einem ähnlichen Partner: Vor dreißig Jahren wurden siebzig Prozent aller Ehen in Deutschland schichthomogen geschlossen, die Partner hatten also den gleichen Bildungsabschluss und kamen aus einem vergleichbaren Milieu. Heute sind es mehr als neunzig Prozent. Vor allem die oberen Bildungskreise schotten sich ab: Je höher der Bildungsgrad, desto stärker die Vorliebe für Partner mit dem gleichen Status.

Die Frage ist: Warum fühlt man sich mit einem ähnlichen Partner wohler? Der Stanford-Professor Michael J. Rosenfeld, von dem ich schon im ersten Kapitel erzählt habe, hatte es so erklärt: Zunächst werte der Partner die persönliche Einstellung gegenüber der Welt auf. Man fühlt sich in der eigenen Identität bestätigt. Außerdem hilft Ähnlichkeit, den anderen zu verstehen: Der Adelssprössling muss der Unternehmertochter nicht erklären, bei welcher Raumtemperatur man einen 97er Chateau de Soundso lagert, der Friseurazubine schon. Und er muss sich für seinen exquisiten Geschmack auch nicht rechtfertigen: Ähnlichkeit macht eine Beziehung einfacher, weil man nicht darüber nachdenken muss, wie der andere auf etwas reagiert.

Auch die Hyper-Individualisierung hat den Wunsch nach maximaler Seelenverwandtschaft verstärkt: Je ähnlicher der neue Partner ist, desto leichter lässt er sich ins eigene Leben einflechten, ohne dass man daran groß etwas ändern, gar Opfer erbringen müsste. Übereinstimmung wird als ultimativer Wink des Schicksals angesehen: Ich liebe dich, weil du bist wie ich. Weil du auch Tom Waits magst, Meeresfrüchtepizza und das schwere Kreuzworträtsel im SZ-Magazin. Ist es nicht ein verblüffender Zufall, etwas so Einzigartiges in einer anderen Person wiederzufinden? Ein Pendant. Einen Seelenverwandten. Nicht umsonst spricht man von der »besseren Hälfte«.

Den Wunsch nach größtmöglicher Übereinstimmung machen sich zahlreiche Anbieter der Single-Industrie zunutze. Der Markt ist voller Nischenportale, das so genannte Mikro-Dating boomt. Ob Partnerbörsen für Katholiken, Muslime, besonders große oder dicke Menschen – vielleicht ist es gar nicht so dumm, als Ausgangspunkt für ein Kennenlernen eine zentrale Gemeinsamkeit zu wählen. Viele, die sich genervt von Seiten wie Parship und ElitePartner wieder abmelden, erzählen von verkrampften Verabredungen, bei denen sie mit dem anderen nichts teilten außer dem Wunsch nach einer Beziehung.

Der Matching-Algorithmus – Zauberformel für die Liebe

Nun mögen noch so viele Studien belegen, dass Beziehungen stabiler sind, wenn die Partner sich in ihren Interessen, Einstellungen und Bedürfnissen ähneln. Die Frage ist: Wird die Liebe dadurch kalkulierbar? Und: Kann man sich mit dieser Erkenntnis systematisch verlieben?

Hugo Schmale ist ein distinguierter Hamburger Professor mit Lesebrille, von dem man niemals vermuten würde, dass er schon 81 ist. In seiner Studentenzeit betrieb Schmale ein Literaturcafé in München, auch Erich Kästner ist dort einmal aufgetreten. Eine schöne Vorstellung, dass der eine Erfinder der sachlichen Romanze (»kam ihre Liebe plötzlich abhanden / Wie andern Leuten ein Stock oder Hut«) bei dem anderen Erfinder der sachlichen Romanze (»Liebe ist, wenn's passt«) zu Gast war.

Denn der Experimentalpsychologe Hugo Schmale ist so etwas wie der Godfather of Matching in Deutschland. Schon in den sechziger Jahren hat Schmale Persönlichkeitstests für populäre Zeitschriften wie Twen und später auch Freundin und Playboy entwickelt – begleitet natürlich vom kollektiven Naserümpfen seiner Akademikerkollegen. Bekannt wurde er schließlich durch den BET, den Berufseignungstest, mit dem man seine berufliche Eignung anhand verschiedener Persönlichkeitseigenschaften und Kompetenzen erfassen kann.

1999, in den USA begannen die ersten Partnerbörsen gerade zu einer Goldgrube zu werden, bekam Schmale einen Anruf vom Holtzbrinck-Verlag. Er wurde gefragt, ob sich solche Tests nicht übertragen ließen: Wenn man für die Frage »Welcher Beruf passt zu mir?« einen Test entwickeln könne, müsste das doch auch für die Frage »Welcher Partner passt zu mir?« gehen – und zwar für eine Online-Partnervermittlung. Schmale sagte zu und wurde wenig später einer der Gründer von Parship.

Seit nunmehr zehn Jahren ist er das wissenschaftliche Gesicht der Seite. Wobei sich der Emeritus der Hamburger Universität durchaus im Klaren darüber ist, dass »die Wissenschaft« für ein Unternehmen wie Parship ein Marketinginstrument ist. »Man muss da höllisch aufpassen.«

Der Persönlichkeitstest, den Schmale entwickelt hat, verbindet Ansätze der Verhaltenstheorie, der Psychoanalyse und gestalttheoretische Ansätze. Er enthält 74 Fragen und mehr als vierhundert Antwortmöglichkeiten. Ermittelt werden dabei Ausprägungen von 32 »partnerschaftsrelevanten Persönlichkeitsmerkmalen, Werthaltungen und Verhaltensweisen«, darunter der Wunsch nach Nähe und Distanz, Pragmatismus und Häuslichkeit. Diese Ausprägungen werden wiederum in Relation zu den Normalverteilungen in der Bevölkerung gesetzt, die, so Schmale, von Parship auch laufend überprüft werden, weil sie sich permanent veränderten.

Wie nun genau gematcht wird, ist natürlich auch bei Parship Firmengeheimnis. Ein paar Dinge sind bekannt: Persönlichkeitsmerkmale werden mit 75 Prozent, Interessen und Gewohnheiten mit je 12,5 Prozent gewichtet. Das Matching folgt nicht ausschließlich dem Prinzip der Ähnlichkeit. Bei bestimmten Merkmalen, etwa Durchsetzungswillen bzw. -vermögen, werden Paare nach Verschiedenheit gebildet. Es gibt auch nicht den *einen* Algorithmus, sondern 136 – so viele gleichzeitig ablaufende Rechenregeln enthalte das Verfahren, wie es eine Parship-Mitarbeiterin einmal in einer Radiosendung erklärt hat:»Jeder [Algorithmus] kann für sich mehr oder weniger komplex sein. Ich versuche mal, eine Regel in eigenen Worten auszudrücken. Wenn bei Person A Merkmal Z ausgeprägt ist und bei Person B Merkmal X, dann wird Matchingzahl Z vergeben. Und die ist nur relevant, wenn Merkmal F bei beiden folgendermaßen ausgeprägt ist.«

Mehr als zehn Millionen Menschen haben den Persönlichkeitstest in den vergangenen elf Jahren durchlaufen – zweifelsohne eine gigantische Stichprobe, auf die Hugo Schmale Zugriff hat. Egal, was man vom Matching selbst halten mag, Schmale stehen mehr Daten von Singles zur Verfügung als jedem Soziologie-Institut in Deutschland.

Was er über die Liebe gelernt hat, frage ich ihn. Unterliegt sie dem Zeitgeist?»Ja, es ist auffällig, wie das Bedürfnis nach Nähe gestiegen ist. Beziehungen werden heute stärker noch als vor elf Jahren als Bastion wahrgenommen, als Rückzugsgebiet in Zeiten äußerer und sozialer Unsicherheit.« Es gebe noch einen anderen Trend, den man aus den Tests lesen könne: Frauen und Männer hätten sich im Mischungsverhältnis ihrer Persönlichkeiten angeglichen. Vereinfacht gesagt: Frauen sind männlicher, Männer weiblicher geworden. Die Verwischung traditioneller Rollenbilder habe eine Konsequenz:»Beziehungen werden stärker auf Augenhöhe geführt.«

Es gibt ein Wort, auf das Hugo Schmale überraschend allergisch reagiert: Liebe. »Was ist damit jeweils gemeint, wenn wir von Liebe sprechen – Geborgenheit, Verstandenwerden, ökonomische Sicherheit? Da gibt es eine unendliche Anzahl von Spielarten. Liebe ist nur eine Hülle um eine bestimmte Punktmenge, die in jeder Beziehung anders aussehen kann«, sagt er. Es gehe auf ihn zurück, dass auf der Parship-Seite immer nur von Partnerschaft und Beziehung die Rede ist. »Ich würde mich nie erdreisten, Liebe zu versprechen. Was wir tun können, ist, angesichts von Ungewissheit die Möglichkeit zu erhöhen, dass sich zwei Menschen treffen und zusammenpassen.« Das klingt deutlich vorsichtiger als das, was eHarmony und Gian Gonzaga ihren Kunden versprechen.

Man könnte ja meinen: Wenn ein Unternehmen eine Formel entwickelt hat und anhand von 136 Rechenregeln Menschen miteinander paart, müsste Amors Albtraum endlich Wirklichkeit werden. Doch es gibt einen Haken. Das Theoriegebäude sämtlicher Partnerbörsen (nicht nur das von Parship) steht auf dem wackligen Boden eines Persönlichkeitstests, der wiederum auf einer reinen Selbstauskunft beruht. Teilnehmer antworten widersprüchlich und vor allem sozial erwünscht, das heißt, sie antworten so, wie sie meinen, dass es gesellschaftlich von ihnen erwartet wird: Couch-Potatos halten sich für Abenteurer, Mauerblümchen für Vamps – besonders in dem Zustand angetrunkener Kühnheit, Verzweiflung oder Euphorie, in dem sie sich eines Nachts anmelden. Sie geben an, keine verschlossenen Informatiker vom Land zu wollen – und klicken dann doch ständig welche an. Das ist die ironische Pointe der Küchenpsychologie: Wir meinen andere so gut einschätzen zu können, doch bei uns selbst versagen unsere Diagnosekünste.

Schmale sagt, man beuge dem diagnostischen Problem sozialer Erwünschtheit natürlich vor, indem Charaktereigenschaften (»Wie gut können Sie sich an die Bedürfnisse anderer anpassen?«) nicht direkt abgefragt werden, sondern indirekt (»Wie reagieren Sie, wenn jemand in gemütlicher Runde zum Handy greift und telefoniert?«). Doch fast alle Online-Dater, mit denen ich für das Buch gesprochen habe, erzählen, diese Art von Fragen trotzdem durchschaut zu haben. Frank aus dem vorigen Kapitel, der seine Frau Anna bei Parship kennengelernt hat, sagte sogar, er sei drauf und dran gewesen, den Test noch einmal zu machen, um seine Ergebnisse gezielt in eine andere Richtung zu lenken.

Die Objektivität der Selbstbeschreibung, anhand derer Kandidaten zusammengeführt werden, ist eine Utopie. Die internationalen Marktführer Match und eHarmony denken bereits um: Sie analysieren die Verweildauer auf bestimmten Profilen und matchen auch anhand des tatsächlichen Klick-Verhaltens, nicht nur anhand anfangs getätigter Aussagen und Selbstbeschreibungen. *Revealed preference* nennt Match das, »offenbarte Vorlieben«. Vor Kurzem hat man dort die »Täglichen 5« eingeführt, einen Service, bei dem jedem Mitglied pro Tag fünf Kandidaten vorgeschlagen werden, die theoretisch gut passen würden. Bevor man aber mit einem dieser fünf in Kontakt treten kann, muss man der Partnerbörse mitteilen, wie sehr die Auswahl den eigenen Geschmack trifft: »ja«, »nein«, »vielleicht« – so lernt der Algorithmus ständig dazu.

Das Verfahren ist ein weiterer Schritt hin zu einer Partnersuche, die immer mehr dem Amazon-Prinzip folgt: Wenn Sie diesen Single gemocht haben, gefällt Ihnen auch dieser. Die Analyse vorhergehender Kaufentscheidungen mag bei Kochbüchern und Romanen von Martin Suter ja gut funktionieren, aber ist das menschliche Verhalten nicht weit komplexer? Woher soll der Algorithmus wissen, welche Eigenschaft des verschlossenen Informatikers vom Land ausschlaggebend war, dass man das eigene Beuteschema außer Acht ließ? Das weiß man ja meistens selbst nicht. Und auch wenn der Partnerbörsen-Algorithmus irgendwie errechnet, dass man den Informatiker nur angeklickt hat, weil er aus demselben Heimatdorf stammt wie man selbst: Wie soll daraus eine Regel werden?

Vollkasko für die Liebe, oder:
Ein neues Verständnis von Zusammenpassen

Die Partnersuche ist heute nicht nur von Pragmatismus und dem Wunsch nach Effektivität durchzogen, sondern auch von einer nie dagewesenen psychologischen Professionalität: Ratgeber, Zeitschriften und Therapeuten bombardieren uns mit »wissenschaftlichen Erkenntnissen« und versichern, dass es für eine glückliche Ehe mehr braucht als zwei Hochzeitsringe von Tiffany's und einen langen Atem: kompatible Persönlichkeiten. Nachgewiesene Ähnlichkeit ist zur Vollkaskoversicherung für die Liebe geworden.

Ausgestattet mit psychologischem Halbwissen, angetrieben vom Streben nach dem Optimum, sind die heute Dreißigjährigen nicht nur überzeugt, irgendeinen zu finden, sondern den perfekt passenden Partner. Sie sind systematisch auf der Suche. Versiert im Aufstöbern. Geschult im Abchecken. Sie suchen nach Seelenverwandtschaft und finden Matchingpunkte. Sie wollen das Beste herausholen und machen aus dem Zusammenpassen eine wettbewerbsfähige Größe. Sie sind Herzstrategen in eigener Mission.

Ich habe inzwischen mit vielen gesprochen, die meinen, das Geheimnis der Liebe oder zumindest der perfekten Partnerwahl entschlüsselt zu haben: mit dem TU-Studenten Andreas Reichert, der Gen-Matching in Deutschland etablieren will. Mit Gian Gonzaga von eHarmony, der Mensch gewordenen Datenbank zum Thema Beziehungen. Mit Hugo Schmale, dem »Erfinder« des Matchings in Deutschland. Und mit Friederike, die ihren Traummann so genau beschreiben kann, dass man glaubt, sie habe ihn längst gefunden.

Es gibt eine Frage, die mir all diese Menschen nicht beantworten konnten: Ist es wirklich so spannend, jemanden zu treffen, der all die sorgsam zusammengeschriebenen Wunschkriterien erfüllt? Bestand die Liebe nicht immer in ihrer Unwahrscheinlichkeit? Im »trotzdem«? In dem, was Erich Fried meinte mit: »Es ist Unsinn, sagt die Vernunft. Es ist, was es ist, sagt die Liebe«?

Kann man sich tatsächlich verlieben, indem man analytisch Persönlichkeitsmerkmale vergleicht und sich für das beste Gesamtpaket entscheidet?

Tag 102 bis 185

Tag 102 – Was machen Sie in Ihrer Freizeit?
Joggen, lesen, Partner suchen

Seit drei Monaten bin ich nun bei den Partnerbörsen Elite-Partner und Parship angemeldet. Ich habe bislang kaum Männer angeschrieben und nur selten auf Anfragen geantwortet. Die wenigen Korrespondenzen, die sich ergeben haben, sind nach drei Mal Hin- und Herschreiben versandet. Meine Mutter ist zu Besuch und sagt, ich müsse offener an die Sache rangehen. Sie ist so neugierig, »was es da heute alles so gibt«, dass ich ihr erlaube, in meinem Profil zu stöbern. Am liebsten würde sie eine Vorauswahl für mich treffen. »Guck, der sieht doch nett aus.« »Der ist 47 und geschieden.« »Na und!« »Mama, suchen wir für dich oder für mich?«

Ich treffe mich mit einem weiteren der vier Kandidaten, die mich nach dem Speeddating kontaktiert haben, aber der Abend verläuft genauso unspektakulär wie die Verabredung mit Simon. Meine Freundinnen wollen wissen, ob ich das jetzt eigentlich dienstlich mache oder privat. Wenn ich das nur wüsste. Es hat sich irgendwie vermischt, sage ich. So wie im Rahmen der Recherche für dieses Buch manche Interviews mit Singles etwas von Dates hatten, so fühlen sich im Rahmen meines Experiments manche meiner Dates wie Interviews an. Das ganze Liebesleben ist ein Quiz, und ich bin nur die Kandidatin. Ein Parship-Mitglied fragt: »Wo siehst du dich in fünf Jahren?«

Obwohl meine Freundinnen Online-Dating befremdlich

finden (»ich könnt das ja nicht«), sind sie heiß auf die lustigen Geschichten, die ich erzählen kann. Der Single als Anekdotenlieferant. Ich bin das Fenster zu einer Welt, das für meine liierten Freundinnen längst geschlossen ist. Das läuft dann immer so ab: Ich erzähle von Dates oder bescheuerten E-Mail-Anfragen – meine Freundinnen lachen. Dann gehe ich heim und alleine schlafen. Und sie gehen heim und schmiegen sich an ihren Partner – froh und erleichtert, nicht Online-Dating betreiben zu müssen.

Dates zu haben ist Sozialsport. Es ist anstrengend, sich immer wieder auf jemand Neuen einzustellen. Mein halb privater, halb professioneller Selbstversuch ist zu einem abendfüllenden Hobby geworden. Dienstag Simon, mittwochs die Freundinnen, donnerstags Sport, Freitag Christian, Samstag Jumping Dinner. Was machen Sie in Ihrer Freizeit? Joggen, lesen, Partner suchen.

Ich habe eine Lieblings-Date-Kneipe, nicht weit von meiner Wohnung, das heißt, der Zeitverlust, wenn die Verabredung nervt, hält sich in Grenzen. Hoffentlich denkt die Bedienung nicht, ich sei eine Männer verbrauchende Irre.

Danke für den schönen Abend, fandsauchnett, ich muss jetzt da lang, bis die Tage, tschüß. Simon war nett, Johannes war nett, Christian war nett – alle nett. Küssen wollte ich keinen.

Tag 163 – Ja, das geht: Man kann sich virtuell verlieben

Zum ersten Mal verknallt bin ich nach fünf Monaten – wenn auch nur virtuell. Weil mir die Bezahlseiten zu ernst und steif sind, registriere ich mich bei der kostenlosen Singlebörse Finya. Da ich inzwischen eine gewisse Professionalität im Anlegen eines Profils entwickelt habe, dauert es nicht lange, bis ich mich durch die Münchner Finya-Mitglieder klicke. Ich bin sofort begeistert. Bei Finya kann man zum Beispiel seine Lieblingskneipe angeben. Eine sehr aussagekräftige Rubrik: Steht jemand auf das gemütliche Oma-Café oder die Kaffeebar mit Kunstleder-Hockern und Baumarkt-Laminat? Ist ein Mann Stammgast im Happy-Hour-Cocktail-Mexikaner oder in der netten Kneipe mit dem Senta-Berger-Poster aus den 70ern? Die Kneipenrubrik ist meine neue Lieblingsrubrik (bei den kostenpflichtigen Partnerbörsen habe ich mir immer als Erstes angesehen, welche Zeitschriften und Bücher die Leute lesen).

Bei Finya gibt es außerdem den Zufallsgenerator, bei dem einem wie in einer Fotostrecke nacheinander Singles angezeigt werden. Wie gut, dass bei dieser Seite erst gar nicht so getan wird, als müsse man den Zufall ausschalten. Klick, nein, weiter, klick, nein, weiter, klick. Bei jul34 bleibe ich hängen.

Was für ein tolles Profilbild! Es war mit der Webcam aufgenommen, »jul34« schaute nicht in die Kamera, sondern fixierte den Bildschirm, so als habe er gerade etwas sehr Faszinierendes gesehen. Er trägt ein weißes T-Shirt, hat helle Augen und ein wenig Ähnlichkeit mit dem Schauspieler Ewan McGregor. Alter: 34. Beruf: Universität (Inland). Ein Forscher also. In meinem Kopfkino beginnt ein Film mit den Hauptdarstellern Grundlagenforschung, Aids-Medikament, Nobelpreis.

Bei Reiseländern haben wir beide den Südseestaat Tonga angegeben, dort war ich mal für eine Reisereportage. Das nenne ich Matching. Wer hat schon einen Stempel von Tonga im Pass? So ungefähr schreibe ich jul34 das, eine E-Mail-Korrespondenz entsteht. Julian, so heißt er, macht keine Rechtschreibfehler und verwendet keine Phrasen. Er schreibt, dass er Biologie studiert hat und nun in einer Politikberatung arbeitet, die unter anderem das Umweltministerium berät.

Ich spüre die Anzeichen virtueller Verliebtheit. Julian ist

mir irgendwie nahe, ohne dass wir uns je gesehen haben. Mehrmals täglich logge ich mich auf der Seite ein, um nachzusehen, ob er geschrieben hat. Einmal sogar beim Ausgehen. Ich stehe mit Freunden in einer Bar, der Abend kommt nicht recht in Schwung, da tippe ich Finya in die Adresszeile meines iPhone-Browsers. Wie absurd: Mitten auf dem echten Marktplatz sehne ich mich nach dem virtuellen. Oder einfach nach dem Mann, der aussieht wie Ewan McGregor.

Wenn man virtuell verliebt ist, überinterpretiert man jede Kleinigkeit. Jedes »liebe Grüße« statt »viele Grüße«. Man glaubt, es sei eine Absage, wenn der andere online war (erkennbar am grünen Punkt hinter dem Namen) und nicht geantwortet hat. Mit wie vielen Frauen außer mir steht Julian in Kontakt?

Es sind die Tage zwischen den Jahren. Ich nehme all meinen Mut zusammen und frage ihn, ob wir uns im neuen Jahr mal auf einen Kaffee treffen. Er schreibt »sehr gerne«, und ich überlege tagelang, was ich zu unserer Verabredung anziehen werde. Es gehen noch ein paar Mails hin und her, aber Julian zeigt keine Initiative, wirklich etwas auszumachen. Und ich bin zu stolz, nun auch noch Ort und Zeit festzuklopfen. Nach zwei Wochen schreibt er: »Entschuldige, dass ich mich nicht mehr gemeldet habe, ich bin gerade etwas neben der Spur. Wird aber wieder.« Ich bin mir sicher, dass Julian in Wahrheit eine Freundin hat – oder inzwischen eine andere kennengelernt hat.

Es ist Januar, zwei sibirische Wochen halten die Stadt im Griff. Die Tage folgen einem freudlosen Rhythmus aus Arbeit und Feierabend. Es ist zu kalt, um abends auszugehen. Ich sitze viel am Rechner. Julian meldet sich nicht mehr. Die Frequenz, mit der ich meine Finya-Nachrichten checke, wird niedriger.

Tag 185 – Erwartungen und Enttäuschungen:
Der Wind in der Liebe wird rauer

Natürlich wiegt die einzelne Abfuhr nicht viel, weil man ja selbst in den meisten Fällen kaum etwas investiert hat. Aber irgendwie zielt doch jede Ablehnung, egal wie groß sie ist, ins Herz, und dort bin ich nicht der selbstsichere Mensch, für den mich viele halten: Bin ich vielleicht doch zu dick? Ist mein Gesicht nicht hübsch genug? Waren meine E-Mails zu wenig einfallsreich?

Immer wieder kommt es vor, dass ich in den Bezahlportalen meine Profilbilder für einen Interessenten freischalte und daraufhin eine automatisierte Absagemail erhalte: »Liebes Mitglied, vielen Dank für Ihre Anfrage. Ich habe mir Ihr Profil aufmerksam angesehen. Mein Eindruck ist jedoch, dass wir nicht gut zueinanderpassen, weil ich an der einen oder anderen Stelle andere Vorstellungen von meinem zukünftigen Partner habe.«

Was für ein sagenhafter Blödsinn! Diese verbale Luftmatratze, wonach man sich das Profil »aufmerksam« angesehen habe. So ein Quatsch. Steht halt nicht auf blond. Findet meine Nase zu groß. Mag keine Journalistinnen.

So entspannt ich zu Beginn dieses Experiments war, so sehr gehen die erfolglosen Anbahnungsversuche nun an mein Selbstbewusstsein. Woran liegt es, dass sich keiner mit mir treffen will? Ich bin eine intelligente Frau, ich sehe mehr als okay aus, bin leicht zu amüsieren, kann kochen, und noch viel wichtiger: Ich esse gern (das machen doch Mittdreißiger-Paare vor allem, oder?). Ist mein Marktwert wirklich so schlecht?

Wobei ich mir ja selbst eine gewisse Härte und Kompromisslosigkeit zugelegt habe: Nachdem mich derselbe Mann in drei Nachrichten mit »sexy Lady« angesprochen hat, ohne dass ich dieses Topkompliment jemals erwidert hätte, antworte ich, dass mich seine Achtziger-Jahre-Wortwahl abtörnt und dass er mir bitte nicht mehr schreiben soll. Auch im Gebrauch von Absagemails (bei ElitePartner und Parship) und dem Blocken von Mitgliedern (bei Finya) werde ich radikaler.

Am brutalsten sortiere ich aufgrund von Alter (jünger als 30, älter als 40) und Beruf aus. Wonach soll man auch sonst entscheiden? Bei Parship und ElitePartner sind die Fotos anonymisiert. Mein allabendlicher Partnerbörsen-Schaufensterbummel gleicht einer Rasterfahndung.

Ich schreibe einem Fooddesigner aus Erding. Im Kopfkino läuft »Der Gourmet, der mich liebte«. Vor meinem inneren Auge: ein Mann, der in einem edlen Restaurant arbeitet, Kichererbsenbetten (was für ein Wort!) herrichtet und Früchte für Desserts glasiert. Ich liebe Desserts. Er schreibt zurück, er habe ein bisschen übertrieben. Eigentlich sei er Koch in einem Schnitzelladen.

5

Dich schickt der Himmel – Wie eine vernünftige Generation auf das Schicksal baut

Das Charmanteste an Patrick Mobergs Zeichnung war der Pfeil, der auf ihn selbst zeigte und unter dem *not insane*, »nicht verrückt«, stand. Denn ziemlich durchgeknallt war das, was der 21-jährige Illustrator vorhatte, schon: Aus elf Millionen Menschen, die im Großraum New York täglich öffentliche Verkehrsmittel benutzen, wollte er eine einzige Person ausfindig machen – das »Mädchen seiner Träume«. Mit diesem Mädchen war er am Abend ein paar Stationen in der Linie 5 gefahren. Seitdem ging sie ihm nicht mehr aus dem Kopf. Nicht ihre rosigen Wangen, nicht ihre gewellten braunen Haare und auch nicht die große Stoffblume, die sie darin trug. Zu kurz war der Moment, zu klein der Mut, sie anzusprechen. Also tat der 21-jährige Illustrator das, was er am besten konnte: Er zeichnete.

Noch am selben Abend fertigte er eine Suchanzeige im Comicstil an, er skizzierte sich und daneben die junge Frau: die Blume im Haar, die blaue Strumpfhose. Er musste sie mit den Augen eines Verliebten betrachtet haben, und so zeichnete er sie auch. Patrick Moberg startete das spannendste und romantischste Projekt seines Lebens. Er legte eine Internetseite an (nygirlofmydreams.com) und stellte seine Suchanzeige online. Seine Freunde bat er, ihm zu helfen, indem sie den Link weiterleiten, die Suchanzeige bei Facebook posten und allen möglichen Leuten davon erzählen.

Natürlich machten die Freunde mit. Wer ein solches Unterfangen nicht unterstützt, hat dort, wo andere ein Herz haben, wahrscheinlich eine Batterie. Und so verbreitete sich selbst in der Millionenstadt New York die Geschichte von Patricks Suche wie ein Lauffeuer.

Binnen 48 Stunden hatte er das Mädchen seiner Träume gefunden. Eine Kollegin hatte die Gesuchte erkannt und ihr den Link zu Patricks Seite weitergeleitet. Camille. Wie verheißungsvoll das klang! Nach französischem Gebäck und rosenzarter Haut. Camille Hayton war 22, kam aus Australien und machte gerade ein Praktikum bei einem New Yorker Magazin. Sie nahm sonst nie die U-Bahn (natürlich nicht), doch an diesem Tag – es war kurz nachdem ihr Apartment in SoHo abgebrannt war (klar) – stieg sie eben doch in die Linie 5 ein. Als sie von Patricks Suchanzeige erfuhr, kontaktierte sie ihn. »Ich hätte mich nie *nicht* mit ihm treffen können«, sagte Camille im Nachhinein einem Fernsehsender. Die beiden verabredeten sich zum Kaffee, und der Rest ist ein Happy End, das gleich mehrere Filmemacher so hibbelig gemacht hat, dass sie wenig später bei den beiden auf der Matte standen: Patrick und Camille wurden ein Paar. Und das war die noch größere Unwahrscheinlichkeit, als sich überhaupt wiederzufinden: Bei ihrer ersten Verabredung mochten sie sich, sie hatten einander was zu sagen, es funkte tatsächlich.

Vom Zauber eines Moments – Die schicksalhafte Begegnung als Gründungsmoment der Liebe

»You're the one«, »Thank God I found you«, »One in a million« – es gibt Hunderte Popsongs, die von der Sehnsucht handeln, den Sieg über die Unwahrscheinlichkeit zu erzielen, den Hauptpreis in der Lotterie der Liebe. Chancen: eins zu elf

Millionen. So wie jeder dritte Amerikaner war wahrscheinlich auch Patrick Moberg bei irgendeiner Dating-Seite registriert, und trotzdem glaubte er an das Schicksal. Denn wer es schafft, im Großstadtgewirr einer Millionenmetropole das Mädchen seiner Träume zu finden, der muss der glücklichste Mensch der Welt werden – oder etwa nicht?

Die Vorstellung, die Liebe müsse gegen Unwahrscheinlichkeiten und Widrigkeiten erkämpft werden, geht auf die Romantiker des 19. Jahrhunderts zurück. Bis weit ins 18. Jahrhundert hinein wurden Ehen arrangiert, sie waren Verbindungen, die dem Erhalt oder der Verbesserung des sozialen Status dienten. Nichts wurde dem Zufall überlassen. Zum Sieg der Gefühle über die Vernunft kam es aus verschiedenen Gründen: Zunächst hat sich mit der Französischen Revolution nach und nach die Stellung der Frau gewandelt. In der traditionellen Gesellschaft des frühen 19. Jahrhunderts begannen sie, ihre Handlungsspielräume auszuweiten, indem sie sich künstlerisch betätigten. (Das galt natürlich nur für die Bessergestellten unter ihnen.) In den Salons dieser Zeit wurde den Frauen zunehmend Gehör geschenkt.[13]

Die zweite wichtige Veränderung war die Enttabuisierung von Gefühlen und Seelenvorgängen. In der romantischen Literatur erfuhr die antike Philosophie eine Renaissance, vor allem die platonische Vorstellung vom Kugelmenschen. Sie wurde zum Inbegriff der schicksalhaften Begegnung, zum Gründungsmythos der romantischen Liebe. Platon zufolge verrichten die einstigen Kugelmenschen – aus Angst vor Machtverlust von Zeus in zwei Hälften geteilt – all ihr Tun und Streben darauf, sich wiederzuvereinigen und ihre zweite, exakt passende Hälfte zu finden.[14]

---

[13] Etwa Clara Schumann, Bettina von Arnim oder Caroline Schlegel.

[14] Übrigens heißt diese Vorstellung, die bis heute weit verbreitet ist, nichts anderes, als dass die einzelne Kugelhälfte, sprich: der Single, ein Mängelwesen ist, der nur durch die andere Kugelhälfte »geheilt« werden kann.

Die dritte Veränderung ist der seit der Aufklärung keimende Wunsch des Individuums, sich aus traditionellen Umklammerungen zu lösen. Die Partnerwahl wurde zum Schauplatz der Selbstbestimmung und die Liebesheirat zu einer Möglichkeit, »die Macht der Eltern, insbesondere der Väter, zu brechen« (Illouz). Gefühle waren zu etwas geworden, das einen zum Handeln verpflichtete. Die Liebenden begannen, sich das Recht auf Leidenschaft einfach zu nehmen – über jede moralische oder gesellschaftliche Ordnung hinweg. Eine gute Ehe war nun nicht mehr zuvorderst lukrativ, sondern freiwillig und gefühlsbetont: ein privater Schutzraum in einer sich rasant wandelnden Welt, in der die Tür zur Moderne mehr und mehr aufging.

Diese Vorstellung von Partnerschaftlichkeit, schicksalhafter Begegnung und Selbstbestimmung prägt unser Liebesverständnis bis heute. Vor allem die Popkultur steht liebesideologisch noch immer in dieser Tradition: Die ersten fünfzehn Minuten jeder Liebeskomödie handeln von der unwahrscheinlichen Begegnung zweier gegensätzlicher Hauptdarsteller: Eine Frau mit einem klapprigen Fahrrad fährt einen Mann in einem SUV an, und man ist sich fortan spinnefeind; eine traurige Braut springt von einer Brücke, und ein Mann, der zufällig Zeuge ist, rettet sie; eine toughe Karrierefrau trifft auf einen liebevollen Kindergärtner; oder ein tougher Karrieremann trifft auf eine liebevolle Kindergärtnerin. Das Muster ist immer das Gleiche: So unwahrscheinlich ein Zusammenkommen dieser zwei Figuren ist – am Ende überwinden sie jedes Hindernis, und die Schicksalhaftigkeit ihrer anfänglichen Begegnung ist der Gründungsmoment einer großen Liebe.

Auf einen Hollywoodfilm, in dem ein Single gezielt nach der Liebe sucht, sich beim Speeddating anmeldet, Online-Dating betreibt und an einer Single-Reise teilnimmt, wird man noch warten müssen. Gemäß der romantischen Schablone ist die Liebe etwas, mit dem man niemals rechnen kann, ein Tsunami der Gefühle, der sich im Leben Bahn bricht, ein Triumph, der gegen Hindernisse erkämpft werden muss.

Die heute Dreißig- bis Vierzigjährigen sind nicht nur die pragmatischen Designer ihrer Liebesbiografie. In ihren Herzen wohnen zwei Seelen: Einerseits sind sie unglaublich geschickt darin, das Projekt »Partnerwahl« gezielt anzugehen, und wissen, dass zur großen Liebe mehr gehört als Schmetterlinge im Bauch: Wesensähnlichkeit und jene Art von Harmonie, die ein Zusammenleben auf Dauer ermöglicht.

Doch gleichzeitig sind sie verliebt in den Gedanken der ultimativ romantischen Begegnung, in die Vorstellung, dass ein einziger Moment dazu in der Lage ist, das Leben aus den Angeln zu heben. Die meisten sind der festen Überzeugung, dass es »da draußen« die eine Person gibt, die perfekt zu ihnen passt, man muss sie nur aufspüren.

Sie wollen Schicksal mit Starthilfe. Kugelmenschensuche mittels Algorithmus. Sie rücken der alten Romantik mit neuer Pragmatik zu Leibe.

Wie verbreitet diese Schicksalssehnsucht ist, sieht man daran, wie Tausende versuchen, es Patrick Moberg, dem verliebten U-Bahnfahrer aus New York, nachzumachen. Es gibt etliche Anlaufstellen, an die sich moderne Romantiker wenden können, selbst der Zufall ist heute professionell organisiert: Seit Kurzem gibt es das Portal brizzl.de, wo man Menschen wiederfinden kann, mit denen man einen unvergesslichen Moment, zum Beispiel beim Bahnfahren, erlebt hat. Ein Augenaufschlag, ein Lächeln, eine verpasste Gelegenheit: Die Betreiber haben für das War-da-was-zwischen-uns-Gefühl gleich ein neues Wort erfunden: »Hat's gebrizzlt?«, fragen sie auf der Startseite.

Ähnlich funktioniert *Missed connections* (»verpasste Verbindungen«) beim Kleinanzeigenportal Craigslist. Die Münchner Verkehrsgesellschaft hat »MVV Flirt« ins Leben gerufen, wo man Leute wiederfinden kann, denen man in Münchner

U-, S- oder Tram-Bahnen begegnet ist, und auch für Sehnsüchtige in Berlin gibt es eine Anlaufstelle: »Meine Augenblicke« von der Berliner Verkehrsgesellschaft. »Wir haben uns angekiekt, als müssten Fragen gelöst werden« – schreibt Badboy_xd. Und die Anzeige von saunafrau lautet: »Haben uns in der Sauna im Stadtbad Neukölln gesehen. Wieder und wieder. Und gelesen. Und gelächelt. Später zufällig im U-Bahnhof Rathaus Neukölln. Hast nach mir geschaut und ich Dir zugewunken vom Bahnsteig. Meldest Du Dich?«

Bis zu zwanzig Inserate kommen täglich bei den »Augenblicken« der BVG hinzu – allen Wahrscheinlichkeitseinwänden zum Trotz. Denn der Gesuchte muss den Moment auch als magisch empfunden haben, und selbst dann ist nicht sicher, dass er ausgerechnet bei der BVG nach der entsprechenden Person sucht.

Natürlich kann man einwenden, diese Seiten seien wie alle anderen Partnerbörsen auch: Singles bieten sich – wenn auch unter dem Vorwand, einen bestimmten Menschen zu suchen – feil. Andere lesen ihre Gesuche, finden die Singles sympathisch und schreiben ihnen. Doch anders als bei Partnerbörsen wie elitepartner.de oder neu.de wird hier der Moment beschworen, in dem man eben nichts über den anderen weiß. Nicht die Hobbys kennt, nicht den Schulabschluss und nicht die Haltung zur Zukunft des Feminismus. Es geht allein um die »Ekstase der Begegnung«, wie es der französische Philosoph Alain Badiou formuliert.

Auch in analoger Form findet man Spuren solcher Nadel-im-Heuhaufen-Suchen. Sieht man genau hin, ist das Stadtbild vollgeklebt mit Sehnsucht. Die Zettel hängen an Stromkästen, Ampeln, in Cafés. »Hey, schöne Studentin, du hast hier neulich einen Cappuccino getrunken und mich angelächelt, ich möchte dich gern wiedersehen. Bitte melde dich«, stand auf einem Zettel, der bis vor Kurzem an der Ampel vor einem Straßencafé am Roecklplatz in München hing.

Die Zettel sind so schön, weil sie so banal sind, die Hoffnungen so groß, eben weil der Erfolg so unwahrscheinlich ist. Da spricht jemand zu Tausenden, aber gehört werden will er nur von einer Person. *The one.*

Was ich mich bei der Geschichte von Patrick Moberg und Camille Hayton immer gefragt habe: Was wäre gewesen, wenn Patrick bei ihrem ersten Treffen herausgefunden hätte, dass Camille beim Kuchenessen schmatzt? Und zuhause scheußliche Crocs trägt? Oder hat die Unwahrscheinlichkeit, Camille überhaupt gefunden zu haben, schon dafür gesorgt, dass er ausreichend verliebt war? Ging es um die Person oder ging es um die Idee, ein Mädchen »out of a million« aufzustöbern? Wahrscheinlich kann nicht einmal Patrick das sagen.

Nachdem er und Camille ein Paar geworden waren, hat der New Yorker Illustrator kaum noch über die Geschichte gesprochen. Er sagte, er wollte, dass sich die Leute ein eigenes Ende dazu ausdenken. Vor einiger Zeit schrieb er in sein Blog, dass Camille nach Australien zurückgekehrt sei und sie sich getrennt hätten. Was unter dem Stern der Einzigartigkeit geboren war, starb Monate später einen konventionellen Tod: Die Beziehung zerbrach an zu großer räumlicher Distanz – so wie die von Millionen anderer Menschen auch. So schön und spektakulär der Gründungsmythos ihrer Liebe war – er war keine Garantie, dass die beiden *happy ever after*, glücklich bis an ihr Lebensende waren. Den Hoffnungen aller Zettelschreiber und U-Bahn-Romantiker gab Patrick trotzdem Treibstoff: »Habt keine Angst, Risiken einzugehen«, schrieb er auf seiner Internetseite, »treibt eure Handlungen mit Liebe an, und ihr werdet überrascht sein, was alles möglich ist.«

»Ich geh sonst nie in diese Bar« –
Warum Paare ihr Kennenlernen mystifizieren

Mit etlichen Online-Datern habe ich für mein Buch gesprochen, darunter auch mit fünf Paaren, die sich online kennengelernt haben. Und obwohl sie sich bei den Partnerbörsen aus genau einem Grund angemeldet hatten – nämlich einen Partner zu finden –, betonten alle den unglaublichen Zufall, durch den ihre Begegnung zustande kam. Als ich Anne und Michael in Frankfurt traf, erzählte Anne: »Ich hatte eigentlich schon bei Datingcafe.de gekündigt, als sich Michael bei mir gemeldet hat. Ich dachte: Der sieht nett aus, den nehm ich noch mit.«

Oder Stefan und Meike aus der Nähe von Nürnberg: »Im Nachhinein stellte sich heraus, dass wir beide gar keine Lust auf das Treffen hatten. Wir hatten beide überlegt, eine Ausrede zu erfinden und abzusagen. Aber dann war's viel schöner als gedacht«, sagte mir Stefan. Elena aus Berlin erzählte: »Ich war wahnsinnig verkatert an dem Tag und meldete mich bei ElitePartner nur aus einer Laune heraus an. Christoph war der Erste, der mir vorgeschlagen wurde, und auch er hatte sich eben erst angemeldet. Das musste was bedeuten.«

Die Schicksalhaftigkeit der Begegnung spielt eine große Rolle für den Kennlernmythos eines Paares. Man steht eigentlich nicht auf behaarte Männer, geht sonst nie in diese Bar, kam eine halbe Stunde zu spät: Egal, ob sie sich online oder offline kennengelernt haben, fast alle Paare berichten von der Unwahrscheinlichkeit ihres Zusammenkommens. So als gäbe es dafür ein Statusupgrade ihrer Liebe, als würde es ihre Beziehung haltbarer und besser im Vergleich zu anderen machen.

Mein Eindruck ist, dass die Schicksalssehnsucht bei den Online-Datern besonders ausgeprägt ist: Gerade ihnen ist es wichtig, ihrem Kennenlernen innerhalb des formalisierten Settings der Partnerbörsen etwas Magisches zu verleihen. Denn gegen Magie ist selbst der rationale Mensch machtlos. Die Ethnografin Julia Dombrowski von der Universität Bremen bestätigt dies in ihrem Buch »Auf der Suche nach der Liebe im Netz«: »Auch wenn Singlebörsen, sei es aus Überzeugung oder Geschäftssinn, gegen das Liebeselement Zufall anschreiben und User entsprechende Verfahren für gut heißen, bedeutet das nicht, dass der Zufall beim Online-Dating wegfällt. Haben sich Paare online gefunden, wird der Zufall rückwirkend in Berichte der Kennlerngeschichte als ein wichtiges romantisches Element eingeflochten.« Dies zeige, wie bedeutsam der Zufall in den idealtypischen Liebesvorstellungen ist.

Dass »der Augenblick der wunderbaren Begegnung die Ewigkeit der Liebe verspricht« (Badiou), zeigt auch die Geschichte von Clara und Paul. Gleich mehrere Leute in München erzählten mir von ihnen: »Du musst die beiden für dein Buch treffen, so eine Liebesgeschichte hört man selten«, hieß es. Das machte mich natürlich neugierig, und so kontaktierte ich Clara Schneider bei Facebook. Sie freute sich, sagte zu und wenige Tage später klingle ich an der Tür einer kleinen PR-Agentur in der Maxvorstadt.

Mir öffnet eine brünette 37-Jährige, sie hat strahlend grüne Augen und trägt eine karierte Bluse. Nach einigen Jahren als Projektmanagerin bei Red Bull hat sich Clara 2008 selbstständig gemacht. Ihre Agentur läuft prächtig: Überall stehen Umzugskartons herum, sie ist gerade dabei, in größere Büroräume umzuziehen. Man merkt Clara sofort an, wie viel Selbstbewusstsein sie aus ihrem Job zieht.

Als sie sich vor drei Jahren bei FriendScout anmeldete, hatte sie Zweifel, »ob das alles noch so hinhaut mit Familie und Kinderkriegen.« Mit 29 war eine zehnjährige Beziehung zu Ende gegangen. Danach genoss sie es eine Weile, frei und ungebunden zu sein, sie trieb ihre Karriere voran und feierte viel. Sie lernte einen Arzt kennen, blieb zwei Jahre mit ihm zusammen, aber auch diese Beziehung zerbrach. »Ich hatte Angst, dass ich den Mann zum Kinderkriegen vielleicht schon getroffen hatte. Ich fragte mich: Was, wenn ich die Gelegenheit, eine Familie zu gründen, verpasst habe?«

Sie war jetzt 34, träumte noch immer von mehreren Kindern – und wusste: Viel Zeit bleibt ihr nicht. In einer Schnapslaune füllte sie zusammen mit einer Freundin ein Profil bei FriendScout aus – und stellte fest: »Da ist halb München.« Sogar ihr Arbeitskollege bei Red Bull, der vier Tische weiter saß, hatte ein Profil.

Anfangs war sie begeistert vom Prinzip Partnerbörse. All die Möglichkeiten, diese interessant aussehenden Männer, ein ganz neuer Markt. Dauernd loggte sie sich auf der Seite ein, überprüfte, wer ihr geschrieben hatte, es kam zu zwei Verabredungen. Doch bei beiden wusste sie sofort: »Das wird nichts. Mir sind die Füße mit diesen Männern eingeschlafen.« Ein Gefühl der Ernüchterung überkam sie. »Wie soll man ohne die Mimik, den Geruch und die Stimme eines Menschen sagen können, ob man sich zu dem hingezogen fühlt?« Sie war nun vorsichtiger, wenn Interessenten ihr schrieben. Und der einzige Mann bei FriendScout, den sie selbst spannend fand, antwortete nie auf ihre Nachricht.

Clara verlagerte ihre Suche wieder auf die Offline-Welt. »An die zufällige Begegnung im Supermarkt glaubte ich nicht. Also bin ich systematisch vorgegangen.« Sie hatte eine Freundin, die Nordistik studierte und immer zum Stammtisch der skandinavischen Gemeinde in München ging. »Ich dachte mir: Da könntest du auf genau die Art von Mann treffen, die du gut findest: groß, blond, so Naturburschen.« Und so war es auch. Doch ergeben hat sich auch beim Stammtisch der Nordisten nichts.

Eines Abends war sie mit Freundinnen auf einer großen Party in einer stillgelegten Halle der Post. Sie trug ihre Cowboystiefel, ihr Lieblingstop, und der Alkohol tat das Übrige: Sie fühlte sich annähernd unbesiegbar.

Als sich dieser Mann an ihr und ihren Freundinnen vorbeidrängte, sprach sie ihn einfach an. Paul. Das klang schon mal gut. Er war groß, blond und fünf Jahre jünger als sie, aber das war jetzt egal. Ein Steuerberater, er wirkte etwas konservativ. Auch das: sehr gut. Seit ihrer Zeit bei Red Bull wusste sie, dass diese hippen Mode-Männer nichts für sie waren, sie wollte einen soliden, gerne etwas spießigen Mann. Einen, auf den sie sich verlassen kann.

Die Musik wurde schneller, die Schreie auf der Tanzfläche lauter, und irgendwann küssten sie sich. Es fühlte sich immer besser an. Die Party war zu Ende, doch die Nacht hatte gerade erst begonnen. Sie barg das Versprechen, dass das mit Paul was werden könnte.

Als Paul und Clara aufwachten, stand überhaupt nicht zur Debatte, ob sie zusammen frühstückten oder nicht. Clara holte Sesambrötchen, Paul machte Rührei und quetschte ein paar Orangen aus. Alles war ganz selbstverständlich. Wie man das heute so macht, wenn man jemanden kennenlernt, wollte Clara Paul zu ihrer Freundesliste bei Facebook hinzufügen. Sie gab seinen Nachnamen an, sah sein Profilbild, und dann traf es sie wie der Schlag: Sie kannte Paul. »Du bist der Typ von FriendScout, der nie zurückgeschrieben hat!«

Paul war perplex: Es stimmte. Clara hatte ihm zwei Mal geschrieben, war an ihm interessiert gewesen. Doch auf dem gigantischen Marktplatz der Partnerbörse hatte er sie links liegen gelassen. Wahrscheinlich, weil sie fünf Jahre älter war. Oder weil er mit PR nichts anfangen konnte. Er weiß es nicht mehr. Sie war einfach nicht auf seinem Radar gewesen.

Clara zieht Paul bis heute mit dieser Geschichte auf. Und Paul ist sie bis heute peinlich; allein die Tatsache, dass er es »nötig gehabt hatte«, bei FriendScout nach einer Frau zu suchen. Seinen Freunden hat er erzählt, dass Clara und er sich auf dieser Party kennengelernt haben. Stimmte ja auch. Und hatte nicht diese wunderschöne Nacht den Beweis dafür erbracht, dass diese doofen Internet-Steckbriefe nichts, aber auch gar nichts aussagten? Dass das Schicksal, wenn es sein soll, die Marktgesetze des Internets aushebelt?

Als ihn Clara an diesem Morgen nach Hause fuhr, fragte er sie, ob sie nicht Lust habe, gleich auch seine Wohnung zu sehen. Er wollte, dass auch sie einen Einblick in sein Leben bekomme. Es folgten Verabredungen und eine Zeit voller weicher Knie und sehnsüchtiger SMS: Sie gingen auf Konzerte, ins Restaurant, auf den Weihnachtsmarkt. »Wir waren verliebt wie Teenager«, erinnert sich Clara. Doch manchmal machte Paul eine emotionale Vollbremsung, wurde stumm, seine Zuneigung ging »von 200 auf 0«, so kam es ihr zumindest vor. War das die Wendung, die ihre Liebeskomödie zu einem Drama werden ließ?

Clara glaubte zu wissen, warum Paul sich so verhielt. Er war erst 29, Clara 34, als sie sich kennenlernten. Er wusste, dass er, wenn es mit Clara etwas Ernstes ist, sehr schnell entscheiden musste, ob er sich vorstellen kann, mit ihr eine Familie zu gründen.

»In den ersten Wochen sah ich ihn echt ringen mit sich und fühlte mich machtlos. Hätte er meine Figur nicht gemocht, meine Klamotten oder meine Wohnung – an allem kann man heutzutage etwas ändern. Aber gegen mein Alter konnte ich nichts machen.« In Fuschl am See schließlich, beim Skifahren über Silvester, machten sie es fix. Paul wollte sich darauf einlassen, er sagte das ganz offiziell. Zu schön waren die vergangenen Wochen mit Clara gewesen.

Zwei Jahre später fuhren sie wieder zum Skifahren. Am 2.2.2012 organisierte Paul eine Pferdekutsche mit dicken Fellen, er hat Champagner dabei und einen Verlobungsring. Was für ein Happy End! Kein Wunder, dass solche Geschichten in den Anekdotenschatz von Großstädtern übergehen.

»Dass es dich gibt!« – Online-Dating als Chance für Minderheiten

Als Chris Anderson, der Chefredakteur der amerikanischen Zeitschrift Wired, 2004 erst in einem Artikel, wenig später in einem Buch die Theorie vom *Long Tail*, vom »langen Ende«, aufstellte, da hatte er vor allem seltene Platten und vergriffene Bücher im Sinn. »Nischenprodukte statt Massenmarkt« lautet der Untertitel seines Buchs. Darin beschreibt er, wie das Internet die moderne Warenwelt verändert hat, indem Versandhändler mit riesigen Lagerhäusern auf der grünen Wiese plötzlich auch selten gekaufte Produkte anbieten konnten – schlicht, weil es sie kaum etwas kostete, diese Produkte zu lagern und online auf sie hinzuweisen. Weil dagegen in einem städtischen Buchladen jeder Regalmeter Miete und Lagerkosten bedeutet, kann sich der Händler nur leisten, Bücher im Angebot zu haben, die sich auch verkaufen, überspitzt gesagt: die SPIEGEL-Bestseller-Liste.

Anderson zufolge kann man sich das »lange Ende« der Produkte in dieser neuen Warenwelt wie einen Graph in einem Koordinatensystem vorstellen, der wie ein Herzschlag mit einer langen Nulllinie aussieht. Der höchste Punkt des Graphs sind Verkaufsschlager, Bestseller wie Hape Kerkelings »Ich bin dann mal weg« oder Songs von Madonna. Der Graph verjüngt sich gegen unendlich auf der x-Achse – es ist die Darstellung der unzähligen Produkte, die nur wenige Male gekauft werden. Andersons These: Die Käufe von Nischenprodukten (Bücher wie »Schnitzen mit der Kettensäge« oder das Album der finnischen Blechbläserband) sorgen zusammengenommen trotzdem für einen gigantischen Umsatz. Schließlich gibt es für nahezu jedes Produkt einen Käufer – es braucht nur einen Marktplatz, der Anbieter und Interessenten zusammenführt: Internet-Plattformen wie Amazon, eBay oder iTunes.

Auch auf Partnersuchende trifft die Long-Tail-Theorie zu.

Schon im ersten Kapitel habe ich erwähnt, dass Online-Dating zunächst vor allem von gesellschaftlichen Gruppen aufgenommen wurde, für die es nur einen sehr kleinen Markt an verfügbaren Partnern gab. Auf keine Gruppe trifft dies so zu wie auf Homosexuelle. Sie waren die Pioniere des Online-Datings. In keiner Bevölkerungsgruppe ist Online-Dating so verbreitet wie unter Schwulen: In den USA entstehen heute 61 Prozent aller homosexuellen Beziehungen im Internet, in Deutschland sind die Zahlen ähnlich hoch, glaubt man einer Umfrage der größten deutschen Schwulencommunity Gayromeo.

Lars Köster, ein befreundeter Journalist, ist wie alle Homosexuellen, die ich kenne, dort angemeldet. An einem frühlingshaften Abend im März klicken wir uns durch sein Profil. Das »schwule Einwohnermeldeamt«, wie Gayromeo auch genannt wird, wurde 2002 von den zwei Berlinern Jens Schmidt und Manuel Abraham gegründet. Mit rund 1,3 Millionen Mitgliedern ist es das größte deutschsprachige Portal und laut Eigendefinition »ein Ort für Freundschaften, Verabredungen, Sex, Ideenaustausch und gegenseitige Unterstützung«. Auch weil es aus der Szene heraus entstanden ist und die Basis-Mitgliedschaft bis heute nichts kostet, haben kostenpflichtige Anbieter, etwa gayParship, gegenüber Gayromeo noch immer das Nachsehen.

Das Internet hat das Kennenlernverhalten von Schwulen revolutioniert. Früher waren Homosexuelle auf großstädtische Cafés, Bars, Sportclubs, Sauna-Treffs angewiesen – Orte, an denen sie unter sich waren. Der junge Homosexuelle in der Provinz, für den die nächste Schwulenkneipe fünfzig Kilometer entfernt war, hatte Schwierigkeiten, sein Schwulsein auszuleben, geschweige denn auf Partnersuche zu gehen. Das änderte Gayromeo radikal. Bei 1,3 Millionen Mitgliedern muss sich niemand als Teil einer Minderheit fühlen. »Gayromeo ist unglaublich integrativ«, sagt Lars, der selbst aus einem kleinen Ort in Niedersachsen kommt. Dass er schwul war, ahnte er schon dort, ausgelebt hat er es erst, als er zum Studieren nach München ging.

Gayromeo hat die Partnersuche für Schwule zu einem Schlaraffenland gemacht. Auch wenn man eine Kompetenz dafür entwickelt, im Alltag zu erkennen, welcher Mann schwul ist und welcher nicht – den berühmten »Gaydar« schult (»Bei achtzig Prozent der Männer kann ich's einschätzen«, sagt Lars) –, hilft Gayromeo enorm bei der Partnersuche: Denn anders als eine Kneipe hat das Portal 24 Stunden am Tag geöffnet, und die Besucher entsprechen einem Querschnitt der schwulen Bevölkerung.

Es mag daran liegen, dass immer mehr Schwulenviertel in Großstädten von einer heterosexuellen Mittelschicht erobert werden; dass Homosexualität so normal geworden ist, dass es keine Anonymität bietenden Kneipen mehr braucht. Oder vielleicht ist es auch andersherum, und das Internet hat dafür gesorgt, dass Schwulenkneipen obsolet wurden, sicher ist: Das Kennenlernen von Homosexuellen spielt sich fast nur noch online ab. An jedem normalen Werktag findet bei Gayromeo die größte Schwulenparty der Welt statt – mit mehr als 100 000 Mitgliedern, die allein dort gleichzeitig online sind.

Fast alle Schwulen können davon berichten, wie süchtig der virtuelle Schaufensterbummel machen kann: Laut seiner Profil-Statistik hat Lars schon 5263 Stunden auf Gayromeo verbracht, das entspricht 219 Tagen, an denen er 24 Stunden daueronline war. Ein freizeitfressendes Monstrum – auch das ist Gayromeo. »Ende 2011 war es richtig schlimm. Jeden Abend nach der Arbeit habe ich mich durch Profile geklickt, hatte ein Date nach dem anderen. Einige auch nur für Sex.«

Mehr als 54 000-mal wurde Lars' Profil bereits angeklickt, er bekommt täglich mehrere »Tapsen« (das entspricht dem Anstupsen bei Facebook). Balsam für die Seele. Gayromeo ist ein Wettrennen um Selbstbestätigung.

Jetzt, wo ich mich zum ersten Mal durch die Mitglieder klicke, bin ich von der rohen Direktheit überrascht, mit der sich Schwule auf der Seite darstellen: Viele Profilbeschreibungen und -fotos sind explizit sexuell, ich sehe Sixpacks, muskulöse Torsos, glänzende Hintern und vorteilhaft abgelichtete Penisse. Freimütig werden körperliche Eigenschaften (»beschnitten ja / nein«), sexuelle Vorlieben (»top oder bottom«), Fetische (»dirty, Skinheads, Sportswear«) und die Penislänge (»medium dick 14 cm bis 18 cm«) angegeben.

Natürlich sind dies keine Pflichtfelder, die man ausfüllen muss – Lars etwa hat all diese Sachen in seinem Profil nicht angegeben –, aber bei geschätzt der Hälfte der Mitglieder sind diese Infos Teil der Selbstbeschreibung. Viel offener als bei Hetero-Dating-Seiten geht es um Sex, auch weil man sich auf die Verschwiegenheit der Community verlassen kann. Medienberichte über Gayromeo gibt es kaum: Pressearbeit haben die Betreiber – anders als die unzähligen miteinander konkurrierenden Angebote für Heteros – nicht nötig.

Lars ist regelrecht stolz, dass er seinen aktuellen Freund nicht bei Gayromeo, sondern beim Ausgehen kennengelernt hat. »Wir haben uns immer wieder angesehen und gelächelt, es war echt romantisch.« Egal ob hetero- oder homosexuell: Die Sehnsucht nach dem schicksalhaften Gründungsmoment der Liebe ist ungebrochen. Dazu passt, was ein Gayromeo-Mitglied, dessen Profil Lars und ich gerade ansehen, als Motto auf seine Seite geschrieben hat: »Ich hätte dich auch lieber im Supermarkt kennengelernt.«

Mit dem Internet hat sich Homosexuellen plötzlich ein gigantischer Marktplatz und eine neue Anonymität geboten, doch für Lars ist nicht alles am »Kennenlernen 2.0« positiv: Die Anbahnung von Kontakten erfolge immer stärker nach dem Kriterium der Verfügbarkeit: Neben dem Profilnamen und der Info, ob jemand gerade online ist, findet sich bei Gayromeo auch eine Kilometerangabe, wie weit der andere von einem entfernt ist – für den Fall, dass man sich spontan tref-fen will.

Auch »Grindr« funktioniert so: Der in Kalifornien ansäs-sige Dienst ist ausschließlich für Handys gedacht. Die Grindr-App zeigt mittels GPS die Profile von Männern in der unmit-telbaren Umgebung an. »Da steht man dann auf einer Party und jeder Zweite guckt auf sein Handy. Keiner traut sich, an der Bar jemanden anzusprechen. Lieber checkt man noch mal schnell bei Grindr, wen man auf dem Nachhauseweg noch kontaktieren könnte, das ist echt absurd«, erzählt Lars. Die Möglichkeit zum Abenteuer ist allgegenwärtig und die Fre-quenz, mit der Sexgeschichten oder Affären eingegangen und wieder gelöst werden, ist durch Anwendungen wie »Grindr« gestiegen – ein weiterer Trend in der neuen Welt der Liebe. Auch bei Heteros prägt die Logik der Verfügbarkeit immer stärker das Kennenlernen. Seit Kurzem gibt es auch von Flirt-börsen Apps für iPhone und Android, zum Beispiel Badoo.

Nicht nur bei Schwulen, Lesben und Bisexuellen ist der Markt an potentiellen Partnern überschaubar, auch bei Ge-schiedenen mit Ende vierzig oder Frauen um die sechzig. Und bei Menschen mit sehr spezifischen Eigenarten und Vorlie-ben. Als Randgruppen innerhalb der Gesamtbevölkerung be-finden sie sich in *thin dating markets*, wie es der Stanford-Professor Michael J. Rosenfeld im ersten Kapitel genannt hat. Und diese »kleinen Heiratsmärkte« machen neue, kreative Wege des Kennenlernens erforderlich.

Aus genau diesem Grund erfreuen sich Mikro-Dating-Por-tale so großer Beliebtheit: Sie nähren die Sehnsucht, dass es einen Ort für all jene gibt, die einen Geschmack abseits des Mainstreams haben. Oder die sich selbst für so spezielle Son-deranfertigungen halten, dass sie ihre Chancen auf konventio-nellen Portalen als gering erachten.

Und so hat sich das Online-Dating in den vergangenen Jahren immer stärker ausdifferenziert. Es gibt Partnerbörsen für Gruftis, Christen und Muslime. Es gibt »doctor-dating« für Menschen aus dem Gesundheitsbereich (»Liebe ist die beste Medizin«). Angebote für Dicke, Behinderte und besonders große Menschen. Und es gibt unzählige Anbieter für Menschen, deren größte Liebe ihre Haustiere sind. Die übergreifende Partnerbörse Gleichklang.de vereint verschiedene dieser Mikro-Dating-Portale unter einem Dach, darunter Angebote für Vegetarier, Esoteriker und Alleinerziehende.

2500 verschiedene Dating-Seiten gibt es allein in Deutschland. Sie befriedigen die Kugelmenschen-Sehnsucht im digitalen Zeitalter: Es gilt, unter den drei Milliarden verfügbaren Partnern mit psychologischem Geschick den einen herauszufinden, der die eigene Einzigartigkeit zu schätzen weiß. Der erkennt, wer man wirklich ist, der bis auf den Grund der Seele blicken kann.

Schicksal mit Starthilfe –
Ein neues Verständnis der romantischen Begegnung

Dank der narrativen Schablonen der Popkultur sind die Vorstellungen, wie die Liebe zu sein hat, heute so konkret wie nie. Dabei herrscht in Kino und Fernsehen eigentlich nur eine Vorstellung vom Anfang einer Liebe vor: In immer neuen Varianten erzählen uns Filme und Serien die Geschichte von der schicksalhaften Begegnung zweier Singles, die auf das Happy End in Form des ultimativ romantischen Heiratsantrags (oder der Hochzeit) zuläuft.

Echte Paare, die auf konventionelle Weise zusammengekommen sind, die von Freunden verkuppelt wurden oder sich im Kollegenkreis gefunden haben, die sich zwischenzeitlich mal trennen oder sich nicht sicher sind, bringt das natürlich ins Hintertreffen. Denn gemäß der weit verbreiteten Vorstellung von Romantik darf es nie den Hauch von Zweifel geben, dass man zusammengehört, allenfalls lästige Hindernisse, die es zu überwinden gilt: intolerante Eltern, langweilige Noch-Partner, Ozeane und Zeitzonen.

Daher helfen die meisten beim Gründungsmythos der Liebe unbewusst ein bisschen nach: Egal, auf welche Weise man zusammengekommen ist – fast jedes Paar betont den unglaublichen Zufall seiner Liebe: »Wir kannten uns zwar, aber waren uns spinnefeind«, sagen die Bekanntenkreis-Pärchen. Oder »Ich wollte mich bei der Dating-Seite schon abmelden, da wurde mir der andere als Partner vorgeschlagen«, sagen die Singlebörsen-Pärchen. Die Message: Amor hat gewürfelt, und wir sind die Sieger. Die Beziehungs-PR ist wichtig, um sich als Paar der eigenen Einzigartigkeit zu versichern – ein genialer Streich unseres Gehirns, um nicht darüber nachdenken zu müssen, dass es mit dieser oder jener Person theoretisch auch möglich gewesen wäre, eine Beziehung einzugehen. Stattdessen erzählt man allen Freunden (und sich selbst) von der Unwahrscheinlichkeit, dass man *the one* gefunden hat: »Es war einfach Schicksal!«

Mein ehemaliger Mitbewohner Max gestand mir vor einigen Jahren, dass er jede Frau aus Prinzip toll findet, die sich zufällig zum Rhythmus eines Liedes bewegt, das er gerade auf seinem iPod hört: Auch aus dieser Aussage spricht der Wunsch, dass Amor uns ein Zeichen gibt, das uns die Auswahl erleichtert. Einen Wink des Schicksals. Ein Wippen des anderen zur Melodie des Herzens.

Früher ritzte man Anfangsbuchstaben in Baumrinde, heute hängen junge Paare Schlösser an Brücken und werfen den Schlüssel in den Fluss. Auch das zeigt die Schicksalssehnsucht der Liebenden von heute. Ob an der Hohenzollernbrücke in Köln, am Pont des Beaux Arts in Paris oder an der milvischen Brücke in Florenz – in ganz Europa finden sich die Liebesschlösser. Sie stehen symbolisch für die Hoffnung, in die Annalen der Liebe einzugehen. Denn wenn das Vorhängeschloss keinem Bolzenschneider zum Opfer fällt (oder der Baum mit den Initialen einer Kettensäge), dann bleibt dieses Denkmal der Liebe sehr lange Zeit dort zu sehen.

Die Schicksalssehnsucht der heute Dreißig- bis Vierzigjährigen ist ungebrochen. Gleichzeitig wissen sie mehr denn je, dass der Zauber einer Begegnung und einige Wochen hemmungsloser Verliebtheit nicht reichen für dauerhaftes Glück zu zweit. »Die Ehe war zum größten Teile verbrühte Milch und Langeweile«, schrieb Kurt Tucholsky Anfang des vergangenen Jahrhunderts. Heute will es keiner so weit kommen lassen.

Tag 190 bis 230

Tag 190 – Partnersuche mit angenehmem Nebeneffekt: Mein Sprachtandem

Mich stört, dass es bei den Verabredungen immer um das eine geht: nicht etwa um Sex, das ließe ich mir ja noch eingehen, ich bin schließlich Single, sondern um »die große Liebe«. Klar, das ist ja das große Versprechen der Partnerbörsen, genau dafür habe ich 239 Euro bezahlt. Aber ich will nicht zwischen Milchkaffee und Apfelkuchen permanent mein Innerstes befragen müssen, ob ich mir vorstellen kann, dass die Person, die ich seit genau siebzehn Minuten kenne, mich auf meiner eigenen Hochzeit zum Altar begleitet. Ich sehne mich nach mehr Subtilität, nach weniger Direktheit. Und eine »kleine Liebe« täte es auch fürs Erste.

Weil ich schon seit Langem mein Französisch aufbessern will, beschließe ich, mir ein Sprachtandem zu suchen, also einen in München lebenden Franzosen, der Deutsch lernen möchte. Im Studium hatte ich das öfter gemacht: Man trifft sich, unterhält sich miteinander in beiden Sprachen und geht mit jeder Menge neuer Vokabeln nach Hause. Doch damals waren die Treffen klassische Blind Dates: Ich erinnere mich an einen leicht müffeligen 25-Jährigen aus Dijon, der wirkte, als hätte er noch nie eine Freundin gehabt. Inzwischen, erzählte mir eine Freundin, gebe es auch Seiten, die wie Partnerbörsen aufgemacht seien: Das heißt, man sieht vorher ein Profilbild und kann sich einen Eindruck verschaffen. Très bien!

Ich melde mich bei erstenachhilfe.de an und schreibe Matthieu, einem sehr großen Volleyballspieler, der bei EADS als Ingenieur arbeitet (ich rate übrigens allen Soziologen dieses Landes, einmal zu erforschen, warum ausgerechnet dieser Berufsstand in Single-Portalen so signifikant überrepräsentiert ist).

Für unsere erste Verabredung bestelle ich Matthieu in meine Lieblings-Date-Kneipe. Nach elfeinhalb Minuten erwähnt er zum ersten Mal seine Freundin, die bald seine Frau werden soll. Oha! Die singlebörsenartige Aufmachung der Sprachtandem-Seite hat mich fälschlicherweise annehmen lassen, mein Gegenüber sei Single. Matthieu ist 35, also nur vier Jahre älter als ich, scheint aber schon deutlich mehr erlebt zu haben: Er hat mit Anfang zwanzig seine Jugendliebe geheiratet, zwei Kinder mit ihr bekommen und lebt seit drei Jahren in Scheidung. Um seine neue Freundin heiraten zu können, braucht er ein Ehetauglichkeitszeugnis, ein sehr langes Wort, das er inzwischen gut auf Deutsch kann. Eje-toglisch-kaiz-säugnis, so ungefähr.

Wir unterhalten uns eine Stunde auf Deutsch, eine auf Französisch, und als ich an diesem Abend durch den Schnee nach Hause gehe, bin ich trotz »Themenschwerpunkt: seine Freundin« nicht enttäuscht: Schließlich habe ich mich mit Matthieu vor allem getroffen, um mein Französisch zu verbessern. Und, voilà, ich habe viele neue Wörter gelernt: Brautkleid, Junggesellenabschied, Standesamt.

Ich freue mich, als Matthieu fünf Tage später schreibt, ob wir uns bald wieder treffen. Wir verabreden uns für Freitag nach der Arbeit, und ich lerne die schönen Ausdrücke »Bouche-à-oreilles« (Mundpropaganda) und »mille-pattes« (Tausendfüßler).

Nach zwei Bieren steht die Frage im Raum, was man mit dem angebrochenen Abend noch macht. Ich bin mit einer Freundin in einer nahe gelegenen Bar verabredet und frage ihn, ob er nicht mitkommen will. Er bedaure sehr, aber seine Verlobte warte mit dem Essen.

Wenig später erhalte ich folgende SMS: »Liebe Annabel, du bist eine sehr schöne Person, ich fühle mich in deiner Gegenwart sehr wohl. Ich würde sehr gerne demnächst andere Sachen mit dir machen, als mich im Café zu treffen, ich bin da sehr offen ;-)«

Ich muss lachen. Und dann bin ich traurig: Ich habe soeben mein Sprachtandem verloren. Keine Frage, ich werde mich nicht mehr mit Matthieu treffen, die Anstiftung zum Seitensprung ist mir zu direkt, und auf Komplikationen mit Fast-Verheirateten habe ich keine Lust.

Mit meiner Freundin rede ich an diesem Abend noch lange darüber, wie unverblümt das Arrangieren von Sex-Dates geworden ist: Auch in den Partnerbörsen schreiben mir immer wieder Männer, die unumwunden zugeben, dass sie in einer Beziehung stecken. »Bin am Montag auf Dienstreise in München – Lust auf ein Abenteuer?« – Viele solcher Nachrichten habe ich erhalten.

Tag 230 – Der Zauber einer Nacht, oder: Endlich wieder analog verliebt

Der Winter geht allmählich zu Ende, und ich verliebe mich zum ersten Mal seit meiner letzten Beziehung. In einer Frauenzeitschrift lese ich, dass man seinen künftigen Partner ab einem gewissen Alter immer schon kennt und nur nicht auf dem Radar hat. Genau so ist es mit Philip. Vom Grenzgebiet meines Bekanntenkreises war er ins Zentrum meiner Aufmerksamkeit katapultiert worden.

Auslöser war eine Party, auf der wir uns – ich weiß nicht mehr genau, wie es sich ergab – plötzlich küssten. Von da an musste ich eigentlich 24 Stunden am Tag an ihn denken, an seine Harry-Potter-Haare, die Zahnlücke zwischen den Schneidezähnen und an diesen düsteren Blick, in dem irgendein Schmerz lag, über den ich mehr erfahren wollte.

Zwei Wochen später treffe ich ihn zufällig beim Ausgehen, uns umfängt der Zauber einer Frühlingsnacht, in der man zum ersten Mal nicht mehr friert; einer, von der man hofft, sie würde in einen endlosen, verliebten Sommer münden. Wir reden stundenlang und küssen uns, und als es schon hell ist, gehen wir zu ihm nach Hause. »Ich beleuchtete alle Schaufenster meines Herzens«, schreibt Tucholsky in »Schloss Gripsholm«, und das tat ich auch: Ich war unfassbar verliebt. Das schönste Gefühl der Welt.

Als wir am Morgen aufwachen, fragt Philip mich über meine Exbeziehungen aus, über meine Familie, meine Pläne. Er sieht mich verliebt an und sagt, dass er am liebsten möchte, dass ich sofort bei ihm einziehe. Stundenlang liegen wir an diesem Morgen im Bett, wir sprechen über die Vergangenheit und die Zukunft. Zu keinem Zeitpunkt glaube ich, dies sei eine Sache für eine Nacht. Und doch ist es so.

Nach drei Wochen beendet Philip das, was da angefangen hat, und es überrascht mich noch nicht einmal. Er hatte sich kaum noch gemeldet. Schmerzhaft ist vor allem, dass er so offiziell Schluss macht. Hätte er es nicht langsam ausklingen lassen können, sich einfach nicht mehr melden? Anscheinend hält er es für nötig, eine emotionale Status-Meldung auszusenden, mich wissen zu lassen, wie hoch ich bei ihm im Kurs stehe. Nicht hoch genug nämlich. »Leider bist du nur eine vier von fünf auf der Gefühle-Skala, das ist mir zu wenig« – so in etwa hatte Philip es gesagt. Es reichte nicht. *Ich* reichte nicht. Zum ersten Mal seit langer Zeit habe ich richtigen Liebeskummer.

Um mich abzulenken, logge ich mich noch am selben Tag bei Finya ein. Ich sehe, dass Julian, der Ewan-McGregor-Verschnitt, mein Profil besucht hat. Ich bin gekränkt, mein

Selbstbewusstsein hat wegen Philip einen Knacks, und so beschließe ich, Julian eine Nachricht zu schicken.

Das meine ich, wenn ich schreibe, dass ich im Lauf dieses Experiments radikaler geworden bin. Ich habe so eine Wäre-doch-gelacht-Haltung entwickelt, einen Ehrgeiz, »es zu schaffen«. Bin ich noch derselbe Single wie vor einem Dreivierteljahr? Unglaublich, wie wichtig mir mein Marktwert geworden ist, diese Selbstbestätigung durch andere. Das Versprechen der Single-Industrie, wonach es so einfach ist, einen Partner zu finden, hat eine Dringlichkeit in mir ausgelöst, die es vorher nicht gab. Ich bin jetzt nicht nur trainiert im Sozialsport »Dating«, ich will das Rennen im Paarlaufwettbewerb, wie Sloterdijk es nennt, nun auch zu Ende bringen.

»Du schuldest mir noch einen Kaffee, Eis wäre aber auch okay. Diese Woche?«, schreibe ich. Julian antwortet prompt: »Ja klar, ich muss dir doch noch erklären, warum ich mich im Januar nicht mehr gemeldet habe. Dienstagabend?« Und rauf auf's Pferd. So schnell kann's gehen.

Julian schlägt vor, dass wir uns an einem Kiosk an der Isar treffen, dort Bier kaufen und uns ans Wasser setzen – es sind die ersten warmen Frühlingstage. Ein perfekter Vorschlag für ein erstes Date. Es hatte nur wenige Steckbriefinformationen gebraucht, und Julian wusste, dass ich ein Mensch war, der Kiosk-Bier und Isar-Sitzen gut, Cocktail-Mexikaner dagegen doof findet. Bravo, Finya.

Emotional schwanke ich zwischen relativer Gelassenheit (wegen Philip) und großer innerer Aufregung: Schließlich wollte ich Julian im Januar ganz unbedingt kennenlernen. Relative Gelassenheit heißt outfit-technisch: mäßiges Aufbrezeln. Jeans, Chucks, hellblaue Bluse, Fransenschal, große Ohrringe.

Als ich vom anstehenden Treffen mit Julian erzähle, schmeißen meine Freundinnen wieder den Projektor mit dem Romantikfilm an. »Vielleicht ist es Schicksal, dass es damals nicht mit euch geklappt hat«, sagen sie. In ihrem Kopfkino läuft »Und es hat Klick gemacht«, in der Hauptrolle: ich. Natürlich hoffe ich insgeheim, dass sie recht haben. Trotzdem versuche ich, meine Erwartungen niedrig zu halten.

Von verschiedenen Seiten werde ich gefragt, ob ich Julian von meinem Buch erzählen werde. »Stell dir mal vor, du verschweigst ihm, dass er Teil deines Experiments ist, und dann findet er's heraus. Das wäre ja wie im Film.« Einmal mehr fällt mir auf, wie verankert die narrativen Schablonen sind, die uns die Romantikindustrie vorhält. Natürlich habe ich allen Männern, die ich in diesem Jahr getroffen habe, von meinem Buch erzählt, keiner war argwöhnisch, dass ich Intimes preisgebe. Keiner dachte, er werde von mir »missbraucht«. Die meisten interessierten sich überhaupt nicht dafür.

6

Nach dem Happy End –
Kann denn Liebe Arbeit sein?

Wie lange leben Schmetterlinge? Im biologischen Sinn zwischen einem Tag und bis zu zehn Monaten[15], nicht viel länger leben sie im übertragenen Sinn: eineinhalb Jahre – und da muss man schon Glück haben. Bei den meisten Paaren pendelt sich der Hormonhaushalt schon vorher ein, die Ausschüttung des fürs Verliebtheitsgefühl verantwortlichen Hormons Dopamin wird gedrosselt, der Serotoninspiegel, der bei frisch Verliebten erwiesenermaßen so niedrig ist wie bei Menschen mit Waschzwang oder anderen zwanghaften Störungen, steigt wieder auf ein verträgliches Maß. Ein guter Trick der Natur: Schließlich müssen ja Steuererklärungen gemacht und Familienmitglieder mal wieder angerufen werden. Einer Schweizer Umfrage zufolge schaffen 95 Prozent der Befragten es, »intensives Verliebtsein in eine Beziehung zu überführen«.

Was das Ende des Liebe-macht-blind-Flugs einleitet, hat der inzwischen verstorbene Psychoanalytiker Michael Lukas Moeller erforscht: »Alltag« war die häufigste Antwort, die ihm die befragten Paare gaben (Stichwort: Steuererklärung). Mit etwas Abstand folgten »Kind« und »Konflikte«. Bei Gary und Caroline sind es Rückenschmerzen (sie) und Depressionen (er). Nirgendwo wird das Sterben der Schmetterlinge so

---

15 Der Zitronenfalter hat nachweislich die längste Lebensdauer.

brutal und entlarvend beschrieben wie in Jonathan Franzens Roman »Die Korrekturen«. Jede Handlung von Gary Lambert und seiner Frau Caroline ist aus Sicht des anderen Ehepartners in Wahrheit ein Angriff: SIE gibt nur vor, Rückenschmerzen zu haben, um ihn an der Nase herumzuführen. ER spielt nur mit den Kindern, um sich mit ihnen heimlich gegen die Mutter zu verbünden. Franzen zeigt die Höllen des Lebensentwurfs Langzeitbeziehung, in der man gar nicht anders kann, als den Partner mit argwöhnischen Augen zu betrachten statt mit liebenden. Man liegt immer auf der Lauer, muss stets bereit zum Angriff sein. Das ist nicht Ehe, das ist Krieg.

So drastisch wie in Franzens Sittengemälde war es bei Silke und Tobias Grasser nicht, aber eines hatten sie mit Gary und Caroline gemeinsam: Auch sie führten über Monate eine innere Strichliste gegen den anderen, um stets gewappnet zu sein. Die zwei Kölner – beide 40, seit dreizehn Jahren ein Paar, seit neun Jahren verheiratet – gerieten so in die größte Krise ihrer Beziehung. »Ich bin noch immer fassungslos, wie wir da so tief hineinschlittern konnten«, sagt Silke im März 2012, als ich sie und Tobias in Köln[16] treffe, etwa ein Jahr, nachdem alles begonnen hatte.

Tobias ist freier Fotograf, zu seinen Auftraggebern gehören renommierte Magazine, Museen und Theater. Silke arbeitet nach einer Festanstellung seit drei Jahren als Sachbuchautorin. Für ihre Freunde sind Tobias und Silke eines dieser intellektuellen Powerpaare, die man bei einer Essenseinladung unbedingt dabeihaben möchte: beide mit einem messerscharfen Verstand gesegnet, mit großer Schlagfertigkeit und einer sportlichen Freude an der Auseinandersetzung. Streit war schon immer einer der Grundtöne im Sound ihrer Liebe.

---

[16] Ich habe mit beiden jeweils einzeln gesprochen und ein gemeinsames Interview geführt. Weil sich ihre Aussagen in allen drei Gesprächen kaum unterschieden, sehe ich im weiteren Verlauf des Kapitels davon ab, extra darauf hinzuweisen, in welchem der Gespräche sie was gesagt haben.

»Und das ist ja auch nichts Schlechtes. Wer nicht streitet und alles unter den Teppich kehrt, hat ein Problem«, davon ist Tobias überzeugt.

Doch irgendwann, erzählt er, habe sich die Chemie verändert. Was der Grund dafür war, darüber kann man im Nachhinein nur spekulieren. Fest steht: Als Tobias zu Silke nach Köln zog und sie nun beide von zuhause aus arbeiteten, wurde es immer schlimmer.

Auf ihre Streits folgte nun keine Versöhnung mehr, sondern bestenfalls ein brüchiger Waffenstillstand, meistens einfach ein Abwarten und Lauern bis zur nächsten Explosion. Die entzündete sich an Kleinigkeiten – einer offenen Kühlschranktür oder einem nicht erledigten Einkauf. Man wusste nie, wo die Tretminen vergraben waren. Aber es knallte ständig.

Der Haushalt war immer Hauptschauplatz ihrer Auseinandersetzungen gewesen. Seit Jahren beklagte Silke, dass Tobias sich zu wenig einbrachte. »Ich habe einen ebenso anstrengenden Beruf wie er, da muss auch die Hausarbeit gleich verteilt sein«, fand sie. Wenn sie manchmal nach Dienstreisen nach Hause kam und die Treppen in den fünften Stock hochging, wünschte sie sich mit jeder Stufe mehr, dass ihr Mann zufällig *nicht* daheim sei: Bestimmt hat er wieder nicht eingekauft, bestimmt motzt er wieder, bestimmt hat er unglaublich schlechte Laune, dachte sie.

Es stimmte: Tobias hatte schlechte Laune. Aber das war ja auch kein Wunder. Er hatte gerade wenige Aufträge, und die, die er hatte, nahm er aus Geldgründen an und nicht, weil sie ihn künstlerisch weiterbrachten. Vor eineinhalb Jahren hatte er seine Festanstellung in München aufgegeben und war zu Silke nach Köln gezogen – aus Liebe, wie er sagt. Nach so vielen Jahren Fernbeziehung wollten sie endlich am selben Ort leben: »Ich hatte mir immer vorgenommen, Silke nicht vorzuwerfen, dass ich in ›ihre‹ Stadt gezogen bin, obwohl ich dort weder einen Job noch Freunde hatte. Aber indirekt machte ich sie für meine Unzufriedenheit wohl doch verantwortlich.« Hinzu kam, dass es bei Silke beruflich gerade sehr gut lief: Sie hatte ihre Stelle als Lektorin aufgegeben, um selbst ein Buch zu schreiben, und es wurde ziemlich erfolgreich: Etliche Radiosender interviewten Silke, sie wurde zu Podiumsdiskussionen und Vorträgen im ganzen Land eingeladen.

Tobias war genervt, wenn seine Frau vor Freunden mit den Themen ihrer Bücher anfing: »Niemand kann deine Geschichten mehr hören«, sagte er vor allen. Silke verletzte das: »Ich dachte: Wenn er sich nicht dafür interessierte, wer dann?« Tobias war vor allem gekränkt, dass seine Arbeit bei ihrem Erfolg so gar keine Rolle mehr spielte.

Ab und zu traf er sich mit anderen Frauen – zwei von Silkes Bekannten. Rein freundschaftlich, versteht sich, aber Silke war trotzdem eifersüchtig. »Ich verstand ja, dass er eigene Freunde haben wollte in Köln, aber warum mussten es unbedingt meine weiblichen Bekannten sein? Zu denen war er zuckersüß, und ich bekam daheim nur den Stinkstiefel ab.« Sie stritten nun ständig, immer lauter und verletzender. Regelmäßig drohten sie einander damit auszuziehen, sie sagten bei der kleinsten Kritik »Fick dich« zum anderen, einmal nahm Silke einen Teller Nudeln und pfefferte ihn auf den Boden.

»Ich hatte Momente, wo ich dachte, vielleicht war's das einfach. Vielleicht hält unsere Beziehung eben nur dreizehn Jahre. Meinen das die Leute, wenn sie sagen, sie hätten sich auseinandergelebt?«, erinnert sich Silke. Doch sie wollte sich nicht kampflos geschlagen geben. »Dreizehn Jahre, meine Güte! So lange schaffen es die meisten doch erst gar nicht.« Schon öfter hatte sie Tobias vorgeschlagen, zu einem Paartherapeuten zu gehen. Irgendwann im Sommer 2011 – die Kleinigkeit einer offenen Kühlschranktür hatte mal wieder genügt, um große Dinge in Frage zu stellen – stimmte Tobias zu. »Schlimmer konnte es nicht werden«, sagt er rückblickend, und Silke sagt: »Es war fünf vor zwölf.«

Gerade in der Mittelschicht hat Paartherapie in den vergangenen Jahren eine breite Akzeptanz erfahren. Es ist nichts mehr dabei, sich Gutscheine für Therapie-Schnupperstunden zum Geburtstag oder zum Hochzeitstag zu schenken – gedacht für schlechte Zeiten oder als Präventionsmaßnahme. Auch die Klientenzahlen kirchlicher Angebote für Ehe- und Paarberatung steigen seit Jahren. Aus der esoterisch angehauchten Psychoecke ist Paartherapie längst in den Mainstream vorgedrungen.

Das sieht man auch daran, wie präsent Paartherapeuten in den Medien sind: Magazine wie der Stern, Brigitte oder das Eltern-Magazin Nido präsentieren Paartherapeuten als lebenskluge Experten, die den Lesern die Liebe erklären. Der wohl bekannteste Vertreter der Zunft, der Münchner Paartherapeut Wolfgang Schmidbauer, hat seit Jahren eine Kolumne im ZEITmagazin, andere, wie Arnold Retzer aus Heidelberg, stehen mit ihren Büchern wochenlang in der SPIEGEL-Bestseller-Liste.

So paradox das klingt: Die Möglichkeit, sich scheiden zu lassen, hat auch die Bereitschaft erhöht, Beziehungsprobleme zu lösen. Seit den sechziger Jahren, seit also Kirche oder Familie nicht mehr verhindern, dass man sich trennt (weil in ihrem Wertesystem eine Trennung nicht vorgesehen ist), müssen sich Paare selbst darum kümmern – und tun das auch. Der Gang zur Paartherapie und die Auseinandersetzung mit den Konfliktlösungstechniken der Ratgeberliteratur verdeutlichen das Ringen und Kämpfen von Paaren mit der Realität, das Bewusstsein für die Verantwortung der eigenen Lebensentscheidung – und oft genug auch für die der Kinder. Bevor man sich trennt, muss man alles versucht haben. Man hat sich gefälligst anzustrengen.

(Bei vielen Paaren greift natürlich auch das, was Ökonomen »Sunk Cost Fallacy« nennen, also frei übersetzt die Angst vor dem Verlustgeschäft: Wenn man schon viel investiert hat, hört man nicht auf, sonst wären ja irreversible Kosten entstanden. Ein Grund, warum so viele in Beziehungen bleiben, die ihnen schaden.)

Für Tobias und Silke war der Schritt nicht der verzweifelte Versuch, ihre »Investitionen« zu retten. Und auch nicht der Beweis dafür, dass ihre große Liebe nun Kratzer hat, im Gegenteil: »Wir fanden, dass wir unsere Probleme endlich in Angriff nehmen und versuchen, das wieder hinzukriegen.« Schon der Beschluss fühlte sich erleichternd an.

Beziehungspflege-Maßnahmen – Wehe, du lässt dich in der Partnerschaft gehen

Eines der größten Vergehen in Langzeitbeziehungen und ein Klassiker vor dem Scheidungsanwalt ist der Vorwurf, der Partner habe »sich gehen lassen«. Wer sich nicht anstrengt, für den anderen attraktiv zu bleiben, so die Meinung in Zeiten unendlicher (Partner-)Wahlfreiheit, muss sich nicht wundern, wenn es zur Reklamation kommt – zur Produktrückgabe wegen frühzeitiger Abnutzung; wobei diese einen umso härter trifft, je stärker getönt die rosarote Brille war, die man zu Beziehungsbeginn aufgesetzt hat: »Zu lieben heißt überzubewerten«, schreibt Eva Illouz und meint damit jene Idealisierung und Verklärung einer Person, die die Gefühlsmaschine erst in Gang setzt. Aber es hat nun mal fatale Folgen, den anderen für immer auf dem Podest zu lassen, auf das man ihn gestellt hat: jung, schlank und schön, im Originalzustand, so wie man sich ineinander verliebt hat.

Was für einen psychologischen Druck vor allem Frauen verspüren, um für ihren Mann attraktiv zu bleiben! Welchem Stress sie sich aussetzen, um nach der Geburt des ersten Kindes wieder zu einem sexuellen Wesen zurückzutransformieren: Da werden Schamlippen, Bäuche und Busen gestrafft. Da werden Diäten gemacht und der Mommy-Body gestählt.

Beziehungspflege ist heute vor allem Körperpflege. Frauen- und Männerzeitschriften mahnen eindringlich, nicht nachlässig zu werden mit dem Trimmen und Trainieren, dem Schminken und Rasieren. Bloß nichts wuchern lassen, im Intimbereich (Frauen) oder am Rücken (Männer), nicht zu viel in der Schlabberhose herumlaufen, auf keinen Fall die Badtür offen stehen lassen oder Verdauungsprobleme artikulieren. Und wehe figurtechnisch gerät etwas aus der Form ...

Die Frage, die hinter all diesen ästhetischen Anstrengungen steht, lautet natürlich: Wie bleibt man für den anderen sexy? Wie schafft man es, den Partner auch weiterhin an sich zu binden, wo doch jenseits der Grenzen der Paarbeziehung so viele attraktive Alternativen warten? Sicher kann man sich angesichts von »zehn Millionen Singles in ganz Europa« nie sein.

Und so ist auch der Sex zur Pflichtübung geworden: Es gibt einen (meist unausgesprochenen) Soll-Wert, den jedes Paar für sich definiert, und wenn der nicht erfüllt wird, spaziert die Krise ins Haus. »Wir sollten mal wieder« – diese Gewissheit steht in den Denkblasen über jedem Langzeitpaar, das sich abends ins gemeinsame Bett kuschelt. Dabei ist die Flaute, so deprimierend das klingt, eine biologische Zwangsläufigkeit: Die sexuelle Gewöhnung führt schon nach drei bis vier Jahren dazu, dass die körpereigene Euphoriedroge Dopamin nur noch spärlich aus den Nervenzellen abgegeben wird. Nach fünf Jahren haben Paare nur noch halb so häufig Sex wie zu Beginn ihrer Beziehung, Tendenz leider: weiter sinkend. Daran beißt sich die gesamte Menschheit die Zähne aus: Wie schafft man es, auch nach zehn Ehejahren, nachdem man statistisch gesehen zwischen 500- und 1000-mal[17] miteinander geschlafen hat, das Ganze noch aufregend zu finden? Oder, um es mit Max Goldt zu sagen: Wie gelingt es, den matt funkelnden Ehehimmel neu zu bestern?

Wenn der Sex in der Beziehung eingeschlafen ist, wirken die Reize außerhalb des eigenen Schlafzimmers umso verführerischer. Ob die allzeit verfügbare Internet-Pornografie oder die Option, Seitensprünge unkompliziert in Portalen wie »C-Date« oder »Secret« zu arrangieren: Die Möglichkeit zur schnellen Dopamin-Zu- und Trieb-Abfuhr ist allgegenwärtig.

Gleichzeitig ist vieles von dem, was früher als extrem galt und nur heimlich oder außerhalb einer Partnerschaft praktiziert werden konnte, heute im Mainstream angekommen. Ob SM, Analsex oder Sex zu dritt: Wir leben in einer Zeit, in der diese sexuellen Spielarten nicht nur gesellschaftlich akzeptiert sind, sondern auch als »auslebbar« in einer normalen Zweierbeziehung erachtet werden.

Die Partnerschaftsoptimierung, die beim Kosmetiker und im Badezimmer anfängt, darf am Schlafzimmer nicht Halt machen, so die einhellige Meinung. Vor allem da nicht! Man muss an seiner sexuellen Performance arbeiten, hat bitte schön offen zu sein für die Bedürfnisse des anderen. Das Recht auf sexuelle Treue ist schneller verwirkt, als man denkt. Wie, du willst nicht jedes Mal das Kamasutra durchturnen? Du kannst deine sexuellen Fantasien nicht auf Knopfdruck benennen? Du bist Sexspielzeugen gegenüber nicht aufgeschlossen? Dem Vorwurf der Prüderie will keiner ausgesetzt sein.

Arnold Retzer, einer der bekanntesten Paartherapeuten Deutschlands (von meinem Besuch bei ihm werde ich später ausführlich berichten), erzählte mir, dass die häufigsten se-

---

[17] 68 Prozent der Deutschen geben laut Statistischem Jahrbuch an, zweimal die Woche Sex zu haben.

xuellen Beschwerden von Paaren früher körperlicher Natur waren, vorzeitiger Samenerguss oder Scheidenkrämpfe etwa, also Probleme, die sich aus mangelnder Übung ergeben haben. Heute ist das häufigste Problem von Paaren angebliche Lustlosigkeit: »Moderne Paare glauben, sie müssten immer wollen. Aber wenn man immer muss, dann kann man nicht«, sagt Retzer.

Die Attraktivitätsanstrengung der modernen Liebenden folgt dem gesellschaftlichen Bewusstsein für die Bedeutung von Prävention: Vorsorge ist »in«, man hat achtsam mit sich, seinem Körper, seiner Beziehung umzugehen. Und genau wie Rückenübungen einem Bandscheibenvorfall und das Benutzen von Zahnseide einer Wurzelbehandlung vorbeugen sollen, sind Paare sich im Klaren darüber, dass Beziehungsglück etwas ist, worum man sich pro-aktiv (auch so ein Wort) zu kümmern hat – und zwar nonstop. Nicht, dass man vom Partner irgendwann künstlich entfernt wird, so wie eine marode Bandscheibe oder Zahnwurzel.

Kein Streit im Schlafzimmer –
Wie Paare heute Konflikte lösen und wer ihnen dabei hilft

Auf dem Spielplatz vor dem Jüdischen Museum in München toben Kinder, im Café sitzen die dazugehörigen Mütter, Dutzende Pausengenießer recken ihre Hälse der Frühlingssonne entgegen. Ich bin mit Bettina Bergau und Dr. Katharina Bublath zum Mittagessen verabredet, zwei jungen Psychologinnen, 30 und 31, die ganz in der Nähe im Glockenbachviertel arbeiten.

In ihrem bisherigen Berufsleben waren die beiden vor allem damit beschäftigt, die Scherben aufzukehren, die menschliche Beziehungen häufig zurücklassen: Als Gutachterinnen für Familienrecht betreiben sie soziale Schadensbegrenzung – und meistens ist das ziemlich deprimierend. Wenn sie abends ihre Rechner herunterfahren, begleiten die vielen Trennungen sie oft noch in den Feierabend und mit ihnen: Geschichten von Misshandlung, Vernachlässigung und dem Hass von Leuten, die einst geschworen haben, sich zu lieben.

Nur mit dieser Seite des Gefühlsspektrums zu tun zu haben, war ihnen auf Dauer zu einseitig: »Wir wollen, dass es in Partnerschaften erst gar nicht so weit kommt«, sagt Bettina Bergau. Die beiden gründeten »Zamm«, ein Veranstaltungs- und Beratungsangebot für Paare und Singles – oder wie es auf ihrer Website[18] heißt: »für jeden, der sein Leben nicht alleine verbringen möchte«.

»Zamm sein« ist das charmante bairische Idiom für: in einer Beziehung sein. Nicht nur der saloppe Name, auch das zamm-Symbol im Retro-Look (ein Herz mit einer weiblichen und einer männlichen Kicker-Figur darin) machen deutlich, dass sich Bettina Bergau und Katharina Bublath an eine junge, großstädtische, nicht zwingend verheiratete Klientel richten. Paarberatung, so die Message, gibt's jetzt auch in hip.

Dabei reagieren die beiden Psychologinnen auf das Wort Paarberatung so wie zwei Achtzehnjährige, die man gesiezt hat: Eigentlich ist die Formulierung korrekt, aber sie fühlt sich seltsam an. »Wir wollen uns von der klassischen Paartherapie abgrenzen. Uns geht es vor allem darum, ein Bewusstsein bei jüngeren Paaren und Frischverliebten zu schaffen, was man präventiv in einer Beziehung tun kann.«

Die Gründung ihrer kleinen Firma feierten die beiden vergangenes Jahr auf der Hochzeitsmesse »Trau dich«. Sie sehen es nämlich genau wie Regisseur Sönke Wortmann, der kürzlich in einem Interview sagte, dass man mit Paartherapie am besten gleich nach der Hochzeit anfange. Nach dem Motto: Wer vorsorgt, hat länger was davon.

---

[18] www.zammbleiben.de

Die Aktion auf der Hochzeitsmesse war zwar erkenntnisreich, aber im Hinblick auf Anmeldungen für ihre Veranstaltungen ein Flop: »Die Leute wollten von unserem Angebot überhaupt nichts wissen«, erzählt Katharina Bublath. »Man hat zwar kein Problem, 5000 Euro für ein Hochzeitskleid auszugeben, aber findet 99 Euro für einen Paar-Abend wie unseren zu viel.« Mit der Frage, was eigentlich nach dem schönsten Tag des Lebens kommt, wollten sich die wenigsten beschäftigen. »Viele glauben, die Schmetterlinge halten ein Leben lang.«

Nach einigen Zeitungsberichten und jeder Menge Mundpropaganda sind die zamm-Seminare inzwischen gut besucht. Den Schwerpunkt des Angebots bilden Gruppenveranstaltungen mit Spielen: Vier bis fünf Paare treffen sich an so einem Abend in den Seminarräumen der »Glockenbachwerkstatt«, die die Psychologinnen angemietet haben. Eine Werkstatt könnte nicht besser passen zum We-can-work-it-out-Gefühl der modernen Paare. Was nicht passt, wird passend gemacht.

Auch wenn viele der Teilnehmer anfangs skeptisch sind: Die Hosen über Beischlaf-Frequenz und Dauerstreitthemen muss niemand herunterlassen. »Wir nehmen ja keine Diagnostik vor«, versichert Bettina Bergau, »es geht nur darum, seine Beziehungsfähigkeit zu verbessern.« Die Paare lernen zum Beispiel in einem Quiz, bei dem sie gegen andere Paare spielen, dass man die »unaufgeräumten Ecken« in so einem Beziehungsgebäude *hidden issues* nennt und warum es zu Problemen führen kann, wenn man diese Ecken zu lange außer Acht lässt.

Auch Kommunikationsverhalten und Konfliktlösung spielen eine Rolle: Bergau und Bublath erklären zum Beispiel die 5:1-Regel, einen Klassiker der Paarberatung, der die destruktive Kraft des Nörgelns brechen soll: Man kann alles Negative zum Partner sagen, solange man im selben Atemzug auch fünf nette Dinge loswird. Von den berühmten »Ich-Botschaften« haben dagegen die meisten ihrer Teilnehmer schon mal gehört. Eigentlich weiß man ja, dass Sätze wie diese Beziehungsgift sind: »Immer lässt du deine Schuhe an, wenn du von der Arbeit heimkommst.« Und dass es besser ist zu sagen: »Ich habe ein Problem damit, dass du deine Schuhe anlässt, wenn du von der Arbeit kommst.« Aber es ist eben schwer, nie »nie« und »immer« zu sagen.

Man erfährt in den zamm-Seminaren auch, was die vier »apokalyptischen Reiter« sind, ein Konzept des amerikanischen Psychologen John Gottman. Seine These: Die vier Reiter sind die Vorboten einer jeden Trennung. 1. Kritisieren und klagen. 2. Sich rechtfertigen (indem man zum Beispiel persönliches Fehlverhalten leugnet und die eigenen Anteile am Streit bagatellisiert) 3. Den Partner verachten (durch Gehässigkeiten und Abwertung) 4. Schweigen und mauern. Letzteres ist übrigens ein häufiges Streitverhalten von Männern, erzählen die beiden Psychologinnen. Wenn der vierte »Reiter« auch die Frauen erfasse, sei es schwierig bis unmöglich, die Beziehung noch zu erneuern, die emotionalen Bindungen sterben ab.

Als Bettina Bergau von den »Beziehungspflegemaßnahmen« erzählt, die sie ihren Teilnehmern mit auf den Weg gibt (»man muss sich als Paar schöne Momente reservieren«), fällt mir das Ehepaar ein, von dem ich neulich im Stern gelesen habe: Die beiden haben sich ein festes Zwiegespräch eingerichtet. Jeden Sonntag setzen sie sich an den Wohnzimmertisch, machen die Türen zu, die Kinder müssen draußen bleiben. Dann erzählt ein Partner eine halbe Stunde lang, was ihm auf der Seele brennt, ohne dass ihn der andere unterbricht, und danach ist er dran. Eine Therapiesitzung ohne Therapeut.

Ob Ratgeberliteratur, Paartherapie oder spielerische Veranstaltungen wie zamm: Die Angebote für Paare, Konflikte zu lösen, sind so zahlreich wie nie. Überall liest man von den Spielregeln für den gepflegten Beziehungsstreit, und es scheint, dass unter modernen Paaren ein Bewusstsein dafür entstanden ist, worauf man im Umgang miteinander zu achten hat: Ein Bekannter erzählte mir kürzlich, dass seine Frau und er die feste Regel hätten, dass im Schlafzimmer nicht gestritten werde – ein einfacher Kniff, sagte er, der in den allermeisten Fällen dazu führe, dass man sich versöhnt, bevor man ins Bett geht. Wie vernünftig das klingt!

Ich bezweifle trotzdem, dass wir mit der Zeit alle zu Streit-Strebern werden. Dieselben Paare, die eigentlich verinnerlicht haben, dass man nie »nie« und »immer« sagt, kämpfen in der Praxis mit herumliegenden Ladekabeln und zu wenig Sex. Nörgeln über nicht erledigte Hausarbeit, Fußnagelreste auf dem Badezimmerboden, über stehen gelassene Gläser in der Wohnung, zu viel Fernsehen, zu wenig mitgebrachte Blumen, über nervige Anrufe »deiner werten Mutter«, und sie nörgeln über zu viel Genörgel.

Ulrich Beck und Elisabeth Beck-Gernsheim haben recht, wenn sie schreiben, dass die Geschichte der modernen Liebe längst kein romantisches Königskinder-Drama mehr ist: Aus »Sie können zusammen nicht kommen« wurde »Sie können zusammen nicht leben«.

»Wie hat sich die Liebe verändert?«, frage ich die beiden zamm-Gründerinnen. »Glaubt ihr, Paare zwischen dreißig und vierzig sind heute anders als noch vor zehn, zwanzig, dreißig Jahren?« »Uns fällt auf, wie leicht man sich heute trennt«, sagt Katharina Bublath, und Bettina Bergau stimmt ihr durch ein Nicken zu. »Die meisten glauben, eine Beziehung dürfe keine schlechten Phasen haben. Der Wunsch, unabhängig zu bleiben, jederzeit aus der Nummer wieder raus zukönnen, ist größer als früher.«

Als wir gezahlt haben, frage ich sie noch nach den geistigen Vätern und Müttern von zamm. Sie erwähnen noch einmal den Psychologen John Gottman, eine der größten Koryphäen der Paarforschung, sie nennen den Schweizer Guy Bodenmann, der viel über den Zusammenhang von Stress und Beziehungskonflikten geforscht hat. Und dann fällt noch ein Name: Arnold Retzer aus Heidelberg. Sein Buch »Lob der Vernunftehe«, in dem er für »mehr Realismus in der Liebe« plädiert, stand 2009 wochenlang auf der SPIEGEL-Bestseller-Liste.

Als das Buch herauskam, hatte ich Arnold Retzer schon einmal interviewt. Es passiert mir in meinem Beruf selten, dass ich am Ende eines Interviews den Hörer auf die Gabel lege und freudig perplex bin, wie viel ich gerade für mein eigenes Leben gelernt habe – in diesem Fall war es so. Retzers Aussagen hallten noch lange in mir nach.

Zum Beispiel seine Vorstellung von einer »vernünftigen« Auffassung von Liebe: Ein Jäger geht durch den Wald und sieht überall Zielscheiben an den Bäumen und darin Pfeile, die exakt im Zentrum stecken. »Da muss ein Meisterschütze am Werk sein«, denkt der Jäger. Als er einen Mann mit Pfeil und Bogen sieht, fragt er: »Was ist das Geheimnis deines Erfolgs?« Der Schütze antwortet: »Ich schieße und male dann die Zielscheibe um den Pfeil.« »Den richtigen Partner gibt es also nicht«, sagte Retzer, »wir müssen ihn zum Richtigen machen.« Überflüssig zu erwähnen, dass Retzer all jenen Anbietern der Single-Industrie, die das Gegenteil behaupten, skeptisch gegenübersteht.[19]

Ich hatte immer gehofft, ihn noch einmal persönlich zu treffen. An einem regnerischen Tag im April ist es schließlich so weit. Nicht weit vom Ufer des Neckars, wo gerade die Blüten der Kirschbäume explodieren, erreiche ich das Hinter-

---

[19] Er habe einen dieser Matching-Tests mal aus Spaß mit seiner Frau ausgefüllt, erzählte er mir, und ein katastrophales Ergebnis erhalten. »Ich habe mir die Zahl nicht mal gemerkt, so schlecht war sie.«

hofgebäude, in dem sich das Systemische Institut Heidelberg (SIH) befindet. Arnold Retzer bildet dort seit vielen Jahren Psychotherapeuten und Berater aus.

Mich begrüßt ein braun gebrannter, großer Mann mit einem weißen Bart und einer sanften, ernsten Stimme. Die großflächigen Bilder an den Wänden sind mit A.R. signiert. »Malen Sie in Ihrer Freizeit?«, frage ich, als wir den Flur zu seinen Seminarräumen entlanggehen. »Nein, die hat meine Frau gemalt.« Arnold Retzer ist seit 25 Jahren erfolgreich verheiratet. Der Mann weiß, wovon er spricht.

»Wir wollen dran arbeiten« – Der Paartherapieboom und die Frage: Kann man Gefühle kitten?

Ein Dutzend angehende Paartherapeuten kommt uns entgegen, vor allem Frauen. Es ist gerade Mittagspause, Arnold Retzer gibt den ganzen Tag Seminare. Das Geschäft mit dem Beziehungskitt boomt. Ein Einstellungswandel hat sich vollzogen. »Früher galt Paartherapie als Behandlungsversuch für etwas Pathologisches. Eine Beziehung wurde als defizitär angesehen, war offenbar behandlungsbedürftig. Heute ist Paartherapie für viele ein Lifestyleverfahren.« Als wir uns an einen Glastisch setzen, erzählt Retzer von Klienten, die zur Goldenen Hochzeit von ihren Kindern eine Sitzung bei ihm geschenkt bekämen – »anstelle des obligatorischen Wellnessaufenthalts«.

Heißt das, Paare sind heute kompetenter in ihrem Umgang mit Konflikten und Krisen? Retzer zögert. »Einerseits ja, es gibt eine größere Bereitschaft, sich mit Problemen auseinanderzusetzen. Und es gibt viel mehr Paare, als man denkt, die es hinkriegen, eine zufriedenstellende Beziehung zu führen.« Das klingt nach einem Aber, sage ich. »Die gestiegene Kompetenz hat nichts mit der Ratgeberliteratur zu tun. Im Gegenteil: Ich glaube, diese Bücher tragen eher zum Misslingen von Beziehungen bei, weil sie suggerieren, man könne etwas richtig machen. Genau wie die vielen Glücksratgeber. Wenn man die dann gelesen hat und die Tipps anwendet, ist man oft nicht nur weiterhin unglücklich, sondern auch noch schuld daran. Es ist paradox: Je mehr Kompetenzerweiterungsangebote es gibt, desto mehr Ebenen gibt es, auf denen man scheitern kann.«

Kompetenzerweiterungsangebote. Retzer liebt solche komplizierten Wortschöpfungen. Aber die große Frage ist natürlich: Kann man Beziehungen kitten? Kann man die emotionale Umkehr einleiten, wenn die eigenen Gefühle nicht mehr mitmachen? Die Erfolgsquoten von Paartherapeuten sind erschreckend niedrig.[20] Wobei: Was heißt eigentlich Erfolg? Eine Trennung nach einer langjährigen Beziehung über die Bühne zu bringen, ohne sich dabei zu zerfleischen, so dass beide Partner die Möglichkeit haben, neu anzufangen und glücklich zu werden, kann ja auch ein Erfolg sein.

Retzer sagt, der Erfolg (im Sinne von Zusammenbleiben) hänge davon ab, mit welchen Absichten man zur Paartherapie gehe: »Es gibt Paare, bei denen spürt man richtig, wie die mit sich ringen, für die ist der Gang zum Paartherapeuten ein ernsthafter Versuch, nachdem andere Strategien gescheitert sind. Bei dem zweiten Typ Paaren sehe ich, wie da einer versucht, den anderen dorthin zu bringen, wo man glaubt, dass er seit der Hochzeit hingehört. Diesen Paaren versuche ich deutlich zu machen, dass diese Form der Partner-Manipulation nichts bringt.«

Retzer erzählt noch von einem dritten Typ: Paare, bei denen einer sich bereits aus der Beziehung verabschiedet hat,

---

[20] Handfeste Evaluationen gibt es kaum. Bei der Recherche stößt man immer wieder auf die Zahl 70/30, das heißt, siebzig Prozent der Paare waren am Ende der Paartherapie noch zusammen, dreißig Prozent trennten sich. Eine Zahl, die sich auch mit Arnold Retzers Erfahrungen deckt.

sei es durch eine Affäre oder einfach durch eine Art innere Kündigung. Für diese Leute sei die Paartherapie ein Versuch, sich moralisch sauber aus der Affäre zu ziehen. »Wenn man zum Paartherapeuten geht und dort scheitert, kann man sagen: An mir hat's ja nicht gelegen.« Moralische Unkostenreduktionsveranstaltung nennt Arnold Retzer diese Form der Paartherapie. Schon wieder so ein Wort.

In den USA sind die ersten Einrichtungen für Eheberatung in den 1930er Jahren entstanden, 1942 wurde der Berufsverband der Eheberater gegründet, die American Association of Marriage Counselors. In Deutschland gab es ähnliche Angebote lange nur von den Kirchen, erst mit den 68ern und dem damit einhergehenden Psychoboom verbreitete sich das Berufsbild des Paartherapeuten auch bei uns.

»Die neue Wissenschaft suggerierte, dass sich eine Beziehung aus einer neutralen Perspektive untersuchen ließ«, schreibt Eva Illouz in »Die Errettung der modernen Seele«. »Dies wiederum implizierte, dass sie auch kritisiert werden konnte. Wenn Unzufriedenheit in der Ehe wissenschaftlich zu heilen war, dann bedeutete dies, dass die fieberhafte Suche nach einem besseren Leben Männer und Frauen dazu bringen würde, ihre Beziehungen mit ängstlichem Blick zu überprüfen.«

Den »ängstlichen Blick« haben auch Tobias und Silke Grasser, die beiden Selbstständigen aus Köln. Als sie mit der S-Bahn zum ersten Mal zu ihrer Paartherapeutin fahren, schweigen sie die meiste Zeit. »Es war wie bei einem Arztbesuch, da weiß man ja auch vorher nicht, wie die Diagnose ausfällt«, erinnert sich Tobias. »Ich wusste, die Therapeutin wird uns zwingen, ein paar Schritte zurückzutreten und das Bild unserer Beziehung im Ganzen zu sehen. Wird mir gefallen, was ich sehe? Sind da nicht Stellen, die ich gar nicht anschauen möchte?« Ihm ist ein wenig mulmig zumute.

Doch schon nach wenigen Minuten merken beide, wie gut

es tut, vor einem Dritten über ihre Probleme zu sprechen. »Unsere Auseinandersetzungen hatten nun einen Ort. Wir waren nicht mehr so daheim gefangen in unseren Streits«, erinnert sich Silke.

Eine der ersten Fragen der Paartherapeutin ist: Wie schaut's mit dem Sex aus?[21] Silke zögert. »Geht so, wir streiten ja dauernd.« »Und wenn Sie Sex haben, wie ist die Qualität?« Diesmal antwortet Tobias: »Also… äh, wenn, dann ist es schon sehr gut, dann kracht's, aber so richtig.« Silke muss schallend lachen, und Tobias stimmt ein. Vielleicht wird ja doch alles gut. Nacheinander erzählen die beiden von ihren Problemen: von der Streitspirale, aus der sie nicht herauskommen, dem Alltagshickhack um den Haushalt, der Eifersucht.

»Ich glaube, der Sinn dieses Therapiekonstrukts ist, dass man jemanden durch die Augen desjenigen sieht, der es gerade zum ersten Mal hört«, sagt Tobias. »Mir war schon nach der ersten Sitzung klar, dass es eine gute Idee war, dorthin zu gehen. Aber auch, dass es noch dauern wird, um das wieder hinzukriegen, dass es aber auch spannend wird.« Dass es spannend wird? Tobias' Aussage überrascht mich.

Alle Experten, mit denen ich über Paartherapie gesprochen habe, sagten, dass es in der Regel die Frauen sind, die mehr an einer Beziehung arbeiten, die Probleme ansprechen und den Gang zum Paartherapeuten initiieren – auch bei Tobias und Silke war es so. Es war Silke, die eine Therapeutin ausgesucht und einen Termin vereinbart hatte. Aber spätestens nach dem ersten Termin war Tobias von dem Projekt überzeugt. Für ihn war die Paartherapie nun nicht mehr die unvermeidbare Not-OP ihrer Beziehung, sondern hatte einen Wert an sich. Er würde etwas über sich und seine Ehe erfah-

---

21 Eine Untersuchung der Universität Göttingen mit 51 000 Befragten hat ergeben, dass fehlender oder unbefriedigender Sex das häufigste Beziehungsproblem ist, dicht gefolgt vom Gesprächsverhalten bei Problemen und der Art, wie negative Gefühle und Kritik geäußert werden.

ren, was er bisher nicht wusste. Es würde sogar »spannend« werden.

Bei der dritten Sitzung erzählt Tobias der Therapeutin, wie sehr er sich vernachlässigt fühlt, dass er bei Silkes Präsenz manchmal glaubt, hinten runterzufallen, dass er nicht das Gefühl habe, sie brauche ihn oder interessiere sich für seine Bedürfnisse. Silke schluckt, als sie Tobias so offen sprechen hört. »Bis dahin dachte ich immer, er will mich aus der gemeinsamen Wohnung haben, mich regelrecht loswerden. Er war es ja, der vorgeschlagen hat, dass ich mir ein externes Büro suche, weil wir so dicht aufeinanderhockten. Jetzt hörte ich zum ersten Mal, dass Tobias sich von mir unbeachtet fühlte. Das tat mir sofort unglaublich leid.« Im Nachhinein war das vielleicht der Moment, in dem die Chemie wieder in Ordnung kam.

Und die Alltagsnervereien? Die offenen Kühlschranktüren und herumliegenden Socken? Vieles kam den beiden schnell lächerlich vor. Das Geheimnis ist, erzählt Tobias, an einen Punkt zu kommen, wo die Sachen, die man am anderen als Unart oder als merkwürdig empfindet, wieder zugelassen sind. »Man darf nicht alles als Angriff werten«, ergänzt Silke.

Dass man aufhören muss, den anderen ändern zu wollen, ist auch eines der Hauptanliegen von Arnold Retzer. »Man muss sich überlegen, wie unglaublich viel Energie es im Lauf der Jahre gekostet hat, gegen vermeintlich schlechte Eigenschaften des anderen anzukämpfen.« In seinem Buch schreibt er: »Erst durch die Bewertung werden Verhaltensweisen zum Problem.« Er erklärt das so: »Wenn einer findet, der Soll-Wert von Sex pro Monat solle bei 10-mal liegen, der Ist-Wert liegt aber nur bei 3, dann hat man in dem Moment ein Problem, wo man die Differenz negativ bewertet. Man kann sich nun anstrengen und versuchen, die Beischlaffrequenz auf 10 anzuheben – wie das Thermostat einer Zentralheizung, die versucht, die aktuelle Raumtemperatur zu erhöhen. Ich bestreite nicht, dass das klappen kann. Es könnte aber auch sein, dass die Heizung bollert und bollert und die Temperatur trotzdem nicht steigt, weil das Haus schlecht isoliert ist oder der Brenner überfordert. Dann geht die Heizung womöglich kaputt, und es wird noch kälter im Raum. Ich glaube, dass viele Ehen ihre Existenz aufs Spiel setzen bei den Versuchen, ihre Probleme zu lösen.« Eine bemerkenswerte Aussage für einen Paartherapeuten!

Man könne es ja auch mal mit der anderen Möglichkeit versuchen, schlägt er seinen Klienten vor: dass man den Soll-Wert an den Ist-Wert angleicht, die zu hohen Erwartungen herunterschraubt. »Resignative Reife« nennt Retzer das in seinem Buch. »Wie unglaublich deprimierend das klingt!«, bricht es aus mir im Interview heraus. »Ich habe das Wort bewusst gewählt, um diese Reaktion hervorzurufen«, entgegnet Retzer. »Wussten Sie, dass das Wort erst seit der Französischen Revolution so negativ behaftet ist? Davor war die Bedeutung von ›resignieren‹ eine andere. Es hieß, etwas zurückzugeben, ein Amt, zum Beispiel. Man dankte ab, wenn man merkte, dass etwas keinen Sinn mehr machte. Die Hoffnung, etwas doch noch schaffen zu können, führt dazu, dass man die ganze Zeit weiterackert.«

Ackern, das war exakt das, was Silke in ihrer Beziehung tat: Wenn Tobias mal wieder schlecht gelaunt war, begegnete sie ihm mit einer Extraportion guter Laune, umgarnte ihn, lobte ihn für Bilder, die er gemacht hatte, in der Hoffnung, dass seine Stimmung stieg. Als sie in der zweiten Sitzung der Therapeutin erzählte, wie anstrengend das sei, sagte die nur: »Lassen Sie es doch: Der ist halt so.« Eine Antwort, die Silke zunächst fassungslos machte. »Tolle Erkenntnis: ›Der ist halt so‹! Und dafür haben wir jetzt 115 Euro bezahlt«, schimpfte sie auf dem Heimweg. Aber schnell merkte sie, wie befreiend es ist, nicht mehr versuchen zu müssen, Tobias' Laune zu verbessern. Eine neue Gelassenheit erfasste Silke, sie wusste nun: »Der Stinkstiefelalarm geht vorbei, egal ob ich dagegen ankämpfe. Weil: Der ist halt manchmal so!«

Lebenslange Lover oder beste Kumpel – Gibt es ein Geheimnis glücklicher Ehen?

Die Sehnsucht nach anwendbaren Regeln ist mir wahrscheinlich in die DNA geschrieben, aber ich will mich nicht aus Heidelberg verabschieden, ohne dem Mann mit dem weißen Bart und dem weisen Buch noch so etwas wie ein Rezept zu entlocken. Und so frage ich Arnold Retzer, den Glücksversprechen-Skeptiker und Formel-Hasser, der mit der Matching-Mathematik der Partnerbörsen so gar nichts anfangen kann, am Ende ironischerweise doch noch nach dem Geheimnis einer glücklichen Ehe: »Wie schafft man es, sich über Jahre zu lieben?«

Er lächelt kurz und verfällt dann in jenen feierlichen Ernst, mit dem er mir nun schon seit mehr als einer Stunde die Liebe erklärt hat. »Wenn es so etwas wie ein Geheimnis gibt, dann liegt es in der kunstvollen Balance aus Liebesbeziehung und Partnerschaft. Beides sind Konzepte, um Intimität zu organisieren. Keines ist besser als das andere. Und eigentlich sind beide nicht mit dem Leben vereinbar.«

Ich schaue ihn irritiert an. Warum nicht? »Die Liebesbeziehung ist als emotionaler und sexueller Ausnahmezustand auf Dauer nicht lebbar, das stellen Paare spätestens mit dem ersten Kind fest, ebenso wenig ist es die Partnerschaft, denn die ist ein nüchternes, auf Gleichheit beruhendes Vertragsverhältnis. Gleichheit gibt es aber nur in der Mathematik.« (Wie viel ist Hausarbeit wert? Wie viel kostet eine Affäre? Es sei utopisch, Gleichheit in Beziehungen herstellen zu wollen, sagt Retzer.)

Das Geheimnis liege darin, zwischen diesen Beziehungsfor-

men hin- und herschalten zu können – je nach Entwicklungs-
phase und »Bewältigungsaufgabe« (Retzer-Wort!): »Viele
Paare gehen nur noch partnerschaftlich miteinander um: Ka-
pital ist kumuliert, Kinder erzogen, Haus bezahlt. Diese Paare
sind verzweifelt, weil ihnen die Liebe abhandengekommen
ist. Hier hilft es, auf die Ressource ›Liebesbeziehung‹ zurück-
zugreifen, ich spreche sie dann zum Beispiel auf den Gründungsmythos ihrer Liebe an, darauf was sie in der Auslage
ihres Herzens hatten, als sie den anderen kennengelernt haben. Und innerhalb von Sekunden kann sich die Atmosphäre
im Raum ändern.«

Und dort, wo die Liebesbeziehung an ihre Grenze stoße,
zum Beispiel, wenn das erste Kind in die Intimität des Paares eindringt, müsse man auf Partnerschaft umstellen: »Dann
geht es nicht mehr um das ungehemmte Miteinander zu zweit,
sondern darum, als Paar fair durch den Alltag zu kommen:
Wie schlafen wir? Wie arbeiten wir? Wer füttert das Kind?«

Auch bei Tobias und Silke änderte sich die Atmosphäre
im Raum, als ihre Paartherapeutin nach dem Gründungsmoment ihrer Liebe fragt. Dreizehn Jahre war es nun her, seit
sie sich in dem Münchner Verlag begegnet sind, sie die junge
Lektorin, er der Fotograf. Sie lernten sich bei einem gemeinsamen Projekt kennen – und harmonierten von Anfang an.
Tobias war kurz zuvor von einer Frau verlassen worden, er
hatte Vorbehalte, sich auf etwas Festes mit Silke einzulassen,
hielt sie auf Distanz – eine Ausgangskonstellation, die die beiden bis heute prägt.

Was sie schließlich doch füreinander Feuer fangen ließ,
war die Leidenschaft, die sie aus ihrer gemeinsamen Arbeit
zogen, die gegenseitige Freude, sich intellektuell zu berei-
chern. Wenn man Tobias fragt, was er am meisten an Silke
schätzt, dann hellt sich sein ganzes Gesicht auf und er erzählt
von Silkes »wahnsinniger« Leidenschaft für bestimmte Themen, von ihrer Kompromisslosigkeit und dem energischen

Einstehen für ihre Ideale. »Was natürlich auch heißt, dass ich mir bestimmte Urteile selbst gefallen lassen muss und mich nicht rausschlawinern kann.«

Am Ende der ersten Sitzung sagt die Paartherapeutin, wie außergewöhnlich es sei, dass die beiden so gut als Team funktionierten – obwohl sie so viel aufeinanderhockten. »Andere hätten sich da schon längst getrennt. Mir würde es bestimmt großen Spaß machen, mit Ihnen zu arbeiten.« Es war das größte Kompliment, das man Silke und Tobias machen konnte. Zwei, mit denen man gerne arbeitet, waren ein interessantes Paar. Ein Paar mit Zukunft. Alles würde gut werden, das wussten sie nun.

Nur fünf Mal gehen sie zu ihrer »Tante«, wie sie die Therapeutin seither nennen (»lustig, dass wir sie zu einem Teil der Familie gemacht haben«). Bei der fünften Sitzung merken alle Beteiligten, dass es eigentlich nur um Lächerlichkeiten geht, um Silkes Problem mit der Kühlschranktür und Tobias' Angewohnheit, Socken in der Wohnung zu verteilen.

Sie verabschieden sich von ihrer Tante und versprechen, bei Bedarf wiederzukommen. Fast ein Jahr ist seitdem vergangen. Sie streiten kaum noch, und wenn, dann bei Weitem nicht so drastisch wie früher. Tobias hat wieder mehr Aufträge – auch das hat der Beziehung gutgetan. Als Silke vor Kurzem im WDR-Fernsehen zu ihrem Buch interviewt wurde, schrieb er ihr per SMS: »Mein Gott, du siehst fantastisch aus. Du machst das suuuper!« Ein andermal, als Silke von einer Dienstreise zurückgekommen ist, holte er sie vom Bahnhof ab, auch das hatte er lange nicht gemacht. Sie fielen sich am Bahnsteig um den Hals, und für einen Moment dachte Silke: »Ha! Ihr Leute denkt bestimmt nicht, dass wir schon dreizehn Jahre zusammen sind.« Sie waren wieder glücklich.

»Ich guck doch nur« –
Warum das Angebot weiter lockt und wir nie zufrieden sind

Als ich zurück in München an meinem Schreibtisch sitze, geht mir nicht aus dem Kopf, was Arnold Retzer über jene Paare erzählt hat, bei denen sich einer schon aus der Beziehung verabschiedet hat – sei es durch eine Affäre oder durch »innere Kündigung«, wie er es nannte. Untreue ist noch immer einer der häufigsten Trennungsgründe von Paaren. Doch im digitalen Zeitalter sind die Grenzen fließend geworden, was das eigentlich heißt.

Das hatte mir auch die Geschichte eines befreundeten Paares klargemacht. Als ich Eske neulich traf, klagte sie, wie sehr sie Angst habe, Benedikt würde sie betrügen. Dabei waren die beiden gerade zusammengezogen, es war erst ein paar Wochen her, dass Benedikt allen Umzugshelfern stolz erklärte, dass »das hier mal das Kinderzimmer wird«. Was war passiert? Eske hat auf dem gemeinsamen Rechner in der URL-Leiste des Browsers jede Menge Pornoseiten gefunden – was sie zunächst erschreckte und abstoßend fand, aber: »Das machen ja heute so gut wie alle Männer. Und ich bin ja auch wirklich viel unterwegs.« Doch sie entdeckte im Seitenverlauf auch, dass ihr Freund offensichtlich bei zwei Portalen registriert und dort zumindest sporadisch aktiv war: das eine die Flirtbörse Finya, das andere ein Sex-Portal, bei dem man sich zu Videochats verabredet. Für Eske brach eine Welt zusammen: Suchte Benedikt heimlich weiter? Was fehlte ihm in der Beziehung? Und: Wo fängt Untreue an? Durch das Internet stellt sich vor allem die letzte Frage völlig neu.

»Wer sich der freien Markterotik verschrieben hat, hat kein Interesse an Langfristigkeit«, behauptete der Philosoph Peter Sloterdijk vor einigen Jahren in einem Focus-Interview. »Die erotischen Nomaden glauben, dass sie immer weiterziehen können zu noch besseren Weidegründen und dass jeder

Partner a priori hassenswert ist, weil er einen daran hindert, nach seinem Nachfolger zu suchen.«

Zugegeben, eine pessimistische Sicht der Dinge. Aber schaut man sich die Scheidungs- und Seitensprungzahlen an, stellt man schnell fest, dass durchaus etwas dran ist an Sloterdijks Diktum vom »erotischen Nomadentum«. 400 000 Menschen lassen sich pro Jahr scheiden, jede Frau geht im Schnitt 2,1-mal in ihrem Leben fremd, jeder Mann 3,6-mal. »Die Ehe transformiert sich vom Sakrament über die Wahlverwandtschaft zum vertraglich geschützten Arrangement von Lebensabschnittspartnern«, schreibt Norbert Bolz in seinem Aufsatz »Das Begehren und der Konsum«. Die Suche ist nie zu Ende, und der Richtige ist immer nur der Richtige auf Zeit.

Paare, die sich online gefunden haben, scheinen auf den ersten Blick gefährdeter zu sein als andere: Aus eigener Erfahrung sind sie sich des gigantischen Angebots bewusst, das im Internet zu jeder Tages- und Nachtzeit wartet, sie ahnen, dass es noch andere Kandidaten gegeben hätte, die – rein theoretisch – genauso gut gepasst hätten und mit denen sie sich nur nicht getroffen haben, weil sie gerade drei Wochen auf Gran Canaria waren oder dreihundert Kilometer entfernt leben. Warum die ausgeschlagenen »Partnervorschläge« nicht noch einmal unter die Lupe nehmen? Die Mitgliedschaft läuft ja noch ein paar Wochen, wär doch schade um das Geld…

Letztlich sind natürlich nicht nur die Online-Dater, sondern alle, die sich in einer festen Beziehung befinden, den Verlockungen des Internets ausgesetzt – und damit auch der Möglichkeit, sich immer nach einer noch besseren Version des Partners umzusehen.

Von allen online zusammengekommenen Paaren, die ich für mein Buch interviewt habe, wollte ich wissen, zu welchem Zeitpunkt sie eigentlich beschlossen haben, sich nur noch mit ihrem zukünftigen Partner zu treffen. Die Antworten fielen sehr unterschiedlich aus: »Erst nachdem wir zum ersten

Mal miteinander geschlafen haben«, sagte Elena aus Berlin. »Ich habe mich drei Monate lang mit zwei Frauen gleichzeitig getroffen«, erzählte Stefan aus Nürnberg, »für Meike habe ich mich erst entschieden, nachdem sich die andere nicht mehr gemeldet hat.« Richtig entschlossen war eigentlich nur Frank Dietrich: Er war schon nach dem ersten Kuss mit Anna sicher, den Volltreffer gelandet zu haben. Er ließ seine Mitgliedschaft bei Parship nicht auslaufen – er kündigte sie.

Wann hört man auf, nach Alternativen zu suchen? Beziehungsweise wann fängt man wieder an, »nur mal so zu gucken«? Und: Kann man sich des anderen je sicher sein?

Für meine Freundin Eske war die Tatsache, dass Benedikt online nach Sex- und Flirtpartnern Ausschau hielt, ein unmissverständliches Zeichen dafür, dass er sich nicht festlegen wollte. Als sie ihn zur Rede stellt, gestand er kleinlaut, dass er nur seinen Marktwert testen und einen Kick fürs Selbstbewusstsein wollte, aber niemals »ernst« gemacht hätte. Er gelobte Besserung. Sicher ist sich Eske seiner bis heute nicht – auch weil der Seitenverlauf im Browser seit Kurzem immer gelöscht ist, wenn sie – ängstlich und mit klopfendem Herzen – die zuletzt besuchten Seiten aufrufen will.

Im Zuge der zwischenmenschlichen Globalisierung, wie Arnold Retzer die Zunahme an losen Kontakten im Informationszeitalter nannte, hat vor allem der Begriff des Commitments[22] eine unglaubliche Konjunktur erfahren. Welches Beziehungsmodell, welche Person ist es wert, dass ich die Suche einstelle? Wer hat es verdient, dass ich mich an ihn binde, ihm Exklusivität gewähre, in eine Beziehung investiere? »Die Kosten [für das Commitment]«, schreibt Norbert Bolz, »sind das Maß für das Opfer der alternativen Optionen.«

---

[22] Englisch für: die Bereitschaft, eine Beziehung einzugehen.

»Wir kriegen das hin« –
Ein neues Verständnis von Beziehungsarbeit

We can work it out – der Satz kommt nicht nur in dem gleichnamigen Beatles-Klassiker vor, sondern in etlichen Popsongs, die von der Liebe handeln. Die Songzeile ist das Verbindungsstück zwischen Wolke Sieben und dem Boden der Tatsachen: Auch wenn das mit uns schmetterlingsleicht begann, wissen wir beide, dass nach dem Happy End die »Mühen der Beständigkeit« warten. »Wo sich die Ehe wandelt, wo aus der Arbeitsgemeinschaft die Gefühlsgemeinschaft entsteht, da werden die Gefühle zur Arbeit«, schreiben Ulrich Beck und Elisabeth Beck-Gernsheim in »Das ganz normale Chaos der Liebe«.

Dabei sind die Herausforderungen für Beziehungen im Lauf der Jahre nicht größer geworden, versichern Paartherapeuten und Soziologen: Die größten Talsohlen, die man als Paar durchschreiten muss, sind noch immer das Eindringen von Kindern in die Zweierbeziehung, das Dilemma der Treue und der Umgang mit dem Älterwerden. Was sich verändert hat, ist zum einen die gestiegene Lebensdauer: Wenn Paare sich heute lebenslange Treue versprechen, müssen sie länger standhaft bleiben als noch vor fünfzig Jahren.

Und zum anderen die Tatsache, dass es so einfach geworden ist, sich zu trennen. Durch die Emanzipation und die berufliche Gleichstellung sind Frauen von einer Scheidung meistens nicht mehr existenziell bedroht. Die Patchworkfamilie ist in ihrer Prenzlauer-Berg-haften Buntheit und Unkonventionalität schon fast zu einem modernen Leitbild geworden. Und die »Scheitern als Chance«-Ideologie ist so verbreitet, dass der emotionale Neuanfang ein gutes Image hat. Trial and Error – was ist schon dabei? Gleichzeitig hat die Option, sich zu trennen, auch die Bereitschaft erhöht, an einer Beziehung zu arbeiten.

Eine ganze Armada an Paar-Coaches, -Beratern und -Therapeuten versucht, modernen Paaren klarzumachen, an der Liebe könne und solle man arbeiten. Das Geschäft mit dem Beziehungskitt boomt: In Buchhandlungen wimmelt es von Sex-Ratgebern, Streit-Fibeln und Anleitungen zur Partnermanipulation (»So fesseln Sie die Liebe Ihres Lebens«). Ein ganzes Segment an Jochen-Schweizer-artigen Veranstaltungsangeboten widmet sich dem Versuch, »frischen Wind in Ihre Beziehung zu bringen«. Gutscheine für romantische Wochenenden, für Sitzungen beim Paartherapeuten, für Candle-Light-Dinner wie in der Pizza-Werbung – wohin man schaut, Beziehungswellness. Fehlt nur noch der Herzblatthubschrauber.

Viele dieser Angebote machen Paare zu Konsumenten und vermitteln die Auffassung: Kaufen Sie dieses Buch, nehmen Sie an jenem Workshop teil, arbeiten Sie an sich und Ihrem Partner – dann schaffen Sie es, eine glückliche Beziehung zu führen. »Es gibt eine Arbeit der Liebe, nicht nur ein Wunder«, schreibt der französische Philosoph Alain Badiou. »Man muss immer im Einsatz sein, man muss aufpassen (…). Und dann, ja dann gibt es das Glück als immanente Belohnung der Mühe.« Für eine Beziehung muss man etwas tun. Liebe ist Arbeit. Diese Auffassung hat heute fast alle Paare zwischen dreißig und vierzig erfasst. Sie sind so motiviert wie nie.

Tag 260

Tag 260 – Julian. Oder so etwas Ähnliches wie ein Happy End

Am Isarufer scheint uns die Sonne noch eineinhalb Bier lang ins Gesicht, dann wird es kühl, und wir beschließen, bei einem Vietnamesen zu Abend zu essen. Julian sieht anders aus als auf seinem Profilfoto, schmaler, aber trotzdem gut. Seine Augen haben die Farbe von Swimmingpoolwasser.

Als würden wir uns schon ewig kennen und hätten uns nur lange nicht gesehen, reden wir an diesem Abend: über die euphorischen Momente, die man erleben kann, wenn man einer Arbeit nachgeht, die einen erfüllt, und über den Alltagsnerv mit dem Chef. Vom Geruch und dem Sound der Provinz (Julian redet starkes Bairisch, womit ich ihn sehr gerne aufziehe), von dem, was ein ungerechter Fußball-Schiedsrichter an Schlechtem aus einem Menschen herausholen kann, davon, dass nichts mehr Erholung bringt, als am Wochenende ausgiebig die Zeitung zu lesen, von guten Restaurants und der unbändigen Vorfreude auf ein aufwändig gekochtes Essen.

Dann erzählt Julian, warum er sich im Januar nicht mehr gemeldet hat. Ich hatte es geahnt: dramatisches Verlassenwerden von langjähriger Freundin. Er hatte sich spontan bei Finya angemeldet, war dann aber doch noch wochenlang im emotionalen Ausnahmezustand. Die Tragödie in Kurzfassung: Heulkrämpfe in der Arbeit, Tabletten vom Arzt, zeitweiliges Ausziehen aus der gemeinsamen Wohnung, Exil bei Freunden. Harter Stoff für ein erstes Date. Als Julian den Mann, für

den er verlassen wurde, wütend ein »Slipper-tragendes Arsch-
loch« nennt, muss ich schlucken. Ohje ohje ohje. Wenn – wie
eine dämliche Redensart lautet – jeder sein Päckchen zu tragen hat, dann ist Julian ein ganzer Logistikbetrieb. Was für
eine Horrorgeschichte!

Das ist eine der wichtigsten Erkenntnisse nach diesem Jahr
der Recherche: So vollgesogen die Welt der Partnerbörsen mit
Hoffnungen und Sehnsucht nach Zweisamkeit ist, sosehr ist
sie auch von Enttäuschungen getränkt. Die meisten bei Parship, ElitePartner oder Finya haben ihre große Liebe schon
einmal gefunden und wieder verloren. Übrig blieben Narben
und Expartner, Kinder und Häuser. Das war mir beim Durchklicken der Profile immer wieder aufgefallen: Viele Mitglieder schreiben Sätze wie »Bloß nicht wieder eine Frau, die ...«
oder »Zicken haben bei mir keine Chance«, aus vielen dieser No-go-Aufzählungen sprechen Schmerz und Gebrann-
tes-Kind-Sein. Alle hoffen, dass ein neuer Mensch die alten
Blessuren heilt, dass die Schmetterlinge es auch diesmal wert
sind, die Finger ins Räderwerk zu stecken.

Ist Julian überhaupt schon bereit für eine neue Frau in seinem Leben? Das Ganze ist gerade mal zweieinhalb Monate
her. Ich bin doch höchstens seine Übergangsperson, seine
transition person (auch so eine Vokabel, die einem die Film-
industrie beigebracht hat). Dabei war ja auch Julian auf eine
Art meine Übergangsperson. Ich hatte ihn nur kontaktiert,
um Philip zu vergessen, und auch meine Gefühle hatten Jet-
lag. Um mich abzulenken, war meine Rauf-aufs-Pferd-Stra-
tegie perfekt, aber sich auf Kommando zu verlieben klappte
nun mal nicht. Ich merkte, dass ich Philip noch immer nach-
hing. So wie Julian seiner Ex.

Für einige Tage gehen wir beide auf Abstand. Aber Julian
meldet sich wieder, und die Frequenz, mit der ich an Philip
denke, wird niedriger. Wir treffen uns, gehen spazieren, wir
lachen viel und schauen uns ein Bayern-Spiel im Stadion an.

Wenn er mit seinen Freunden telefoniert, höre ich, wie er Wörter verwendet, die er von mir übernommen hat. Keiner verspricht dem anderen irgendetwas, wir reden nicht über die Zukunft und er nur selten über die Vergangenheit. Manchmal höre ich eine Woche nichts und denke: Jetzt ist er wieder mit seiner Exfreundin zusammen. Dann sehen wir uns drei Tage hintereinander. Er schreibt Mails mit Links zu Zeitungsartikeln, die mir gefallen könnten: »Guck, musste schon wieder an dich denken.« Einmal wirft er mir in meiner Abwesenheit eine Tüte Cantuccini auf den Balkon, drei Treffen zuvor hatte ich mal erwähnt, dass ich die Mandelkekse so gerne esse. Als ich die Tüte finde, denke ich nicht »ick«, sondern: Das ist das Romantischste, was seit Langem jemand für mich getan hat. Selten habe ich einen Mann getroffen, der auf so eine gute, altmodische Art verbindlich ist.

Anfang Mai gehen wir in einem französischen Restaurant essen, wieder spinnt sich die Unterhaltung ins Unendliche, wir vergessen die Zeit, bis der Besitzer uns daran erinnert, indem er die Stühle hochstellt. Obwohl es gar nicht seine Richtung ist, begleitet mich Julian nach Hause. Die Selbstverständlichkeit und Absichtslosigkeit seines Nettseins zwingt mich an diesem Abend in die Knie. Zum Abschied küssen wir uns.

Meine Mitgliedschaften bei Parship und ElitePartner laufen aus. Sollen sie. Es ist Ende Mai, mein Experiment ist zu Ende. Keine Ahnung, wie es mit Julian und mir weitergeht. Wir sind kein Paar, aber wir sind auch nicht nichts. Diesen Partner vorerst zu den Favoriten hinzufügen. Ein ganzer Sommer liegt vor uns. Wär doch gelacht.

Ausblick

Seit der Romantik war die Liebe »ein die Urteilskraft überwältigendes und das Liebesobjekt bis zur Blindheit idealisierendes Gefühl« (Illouz). Heute ist das Spiel der Gefühle gegen die Urteilskraft mindestens wieder unentschieden. Die Vernunft hat ein ziemliches Comeback hingelegt.

Verschiedene Entwicklungen haben diesen Wandel ausgelöst: Das digitale Zeitalter hat zu einer zwischenmenschlichen Globalisierung geführt. Partnersuchende können heute aus einem Pool von Millionen von Singles schöpfen. Gleichzeitig hat die Hyper-Individualisierung dazu geführt, dass wir uns in diesem unendlichen Angebot mehr denn je nach dem Premium-Produkt sehnen: Wenn wir die Ich-AG schon zur Fusion freigeben, dann bitte schön mit jemandem, der alle Anforderungskriterien erfüllt. Der therapeutische Diskurs wiederum hat zu einem gesteigerten Bewusstsein für Beziehungsarbeit geführt. Und nicht zuletzt ist die Forschung der Liebe mit Studien, Statistiken und Matching-Verfahren zu Leibe gerückt. Das Wissen darüber, was eine gute Paarbeziehung ausmacht, was glückliche Ehen eint und andere scheitern lässt, ist noch nie in der Geschichte der Menschheit so groß gewesen wie heute.

Wenn man über solche Themen schreibt, läuft man immer Gefahr, skeptisch oder pessimistisch zu klingen, gerade wenn es um die Folgen technologischer Veränderungen geht. Ich habe versucht, das zu vermeiden. Wie sollte ich mir ein Urteil erlauben, wo ich selbst inzwischen so viele glückliche Paare kenne, die sich genau so kennengelernt haben? Auch wenn für mich persönlich die Partnersuche mittels ElitePartner und Parship nicht funktioniert hat – für Millionen von Deutschen tut sie das. Ich habe im Zuge meiner Recherche bezaubernde Liebesgeschichten gehört.

Doch das Machbarkeitsversprechen der Single-Industrie verlangt den Suchenden auch einiges ab – eine Erkenntnis, die ich aus den Gesprächen mit den von mir interviewten Singles gewonnen habe, aber auch in meinem eigenen Experiment. Es ist ein Leichtes, im Netz verloren zu gehen, sich zu verzetteln mit den übersteigerten Erwartungen, die diese Anbieter bei einem auslösen.

Ich glaube, viele unterschätzen, dass nicht nur sie etwas mit den Netzwerken machen, die sie für die Partnersuche nutzen, sondern dass diese auch etwas mit ihnen machen. Die Enttäuschungen im shoppingähnlichen Setting der Singlebörsen, die automatisierten Absagen, die Unsicherheit ob des eigenen Marktwerts, das auf-sich-zurückgeworfen-Sein – das alles erfordert eine robuste Psyche. Und manche tragen ein Herz mit Hornhaut davon.

Auch der Verdacht, online entstandene Beziehungen würden sich grundsätzlich von konventionell entstandenen unterscheiden, sie würden oberflächlicher sein, ist leicht zu widerlegen. Die New Yorker Sozialpsychologen Katelyn McKenna und John Bargh zum Beispiel haben herausgefunden, dass die zunächst herrschende Anonymität bei der Anbahnung im Netz das Entstehen stabiler Bekanntschaften sogar befördert, weil man ungehemmter und schneller über tiefer gehende Themen spricht.

Internetlieben sind auch nicht kurzlebiger: Dasselbe Forscherpaar konnte zeigen, dass 71 Prozent der von ihnen untersuchten Online-Dating-Paare nach zwei Jahren noch zusammen waren. Jeder zehnte Studienteilnehmer hat innerhalb von zwei Jahren sogar geheiratet. Und der Stanford-Soziologe

Michael J. Rosenfeld, von dem ich im ersten Kapitel erzählt habe, hat in einer seiner Studien herausgefunden, dass sich Online-Dating-Paare auch nicht hinsichtlich der Zufriedenheit in ihrer Beziehung von den Offline-Paaren unterschieden. Das haben sämtliche der von mir interviewten Paare bestätigt: Es spielt sehr schnell keine Rolle mehr, auf welche Weise man zusammengekommen ist (abgesehen davon, dass die Online-Dating-Paare gerne den »unwahrscheinlichen Zufall« betonen, durch den sie sich fanden).

»Jede Beziehung steht unter dem Risiko, dass man sich entliebt, dass das, was man anfangs toll findet, zur Gewohnheit wird«, hat Michael J. Rosenfeld gesagt. »Wer das Versprechen der Liebe gegeben hat, ob es die kuppelnden Freunde oder eine Partnerbörse oder die beiden selbst waren, macht keinen Unterschied. Die Möglichkeit der Desillusionierung ist immer gegeben.«

Ist nicht die Möglichkeit des Scheiterns das, was Beziehungen so spannend macht? Mit der Liebe rechnen wird man auch in Zukunft nicht können. Zum Glück.

Literaturverzeichnis

Dan Ariely, Fühlen nützt nichts, hilft aber. Warum wir uns immer wieder unvernünftig verhalten. Droemer, 2010

Alain Badiou, Lob der Liebe. Passagen Verlag, 2009

Ulrich Beck / Elisabeth Beck-Gernsheim, Das ganz normale Chaos der Liebe. Suhrkamp, 1990

Norbert Bolz, Das Begehren und der Konsum, In: Das Abenteuer Liebe. Bestandsaufnahme eines unordentlichen Gefühls. Suhrkamp, 2004

Martin Doehlemann, Die Dreißigjährigen. Lebenslust und Lebensfragen. Waxmann, 2006

Wilhelm Schmid, Die Liebe neu erfinden. Suhrkamp, 2010

Julia Dombrowski, Die Suche nach der Liebe im Netz. Eine Ethnographie des Online-Datings. Transcript Verlag, 2011

Manfred Hassebrauck, Alles über die Liebe. Warum wir lieben, wen wir lieben, wie wir die Liebe erhalten. MVG Verlag, 2010

Eric Hegemann, Dating Regeln – So finden und fesseln Sie die große Liebe. Schluss mit dem Single-Dasein. Mosaik bei Goldmann, 2004

Eric Hegemann, Online-Dating. So finden Sie Ihren Traumpartner. Mosaik bei Goldmann, 2003

Sven Hillenkamp, Das Ende der Liebe. Gefühle im Zeitalter unendlicher Freiheit. Klett-Cotta, 2010

Eva Illouz, Der Konsum der Romantik. Suhrkamp, 2007

Eva Illouz, Warum Liebe weh tut. Suhrkamp, 2011

Eva Illouz, Die Errettung der modernen Seele. Therapien, Gefühle und die Kultur der Selbsthilfe. Suhrkamp, 2009

Eva Illouz, Gefühle in Zeiten des Kapitalismus. Adorno-Vorlesungen 2004. Suhrkamp, 2007

Eva Illouz, Zur postmodernen Lage der Liebe, In: Das Abenteuer Liebe. Bestandsaufnahme eines unordentlichen Gefühls, Suhrkamp, 2004

Jean-Claude Kaufmann, Der Morgen danach. Wie eine Liebesgeschichte beginnt. Goldmann, 2005

Jean-Claude Kaufmann, Sex@amour. Wie das Internet unser Liebesleben verändert. UVK, 2011

Peter Kemper, Ulrich Sonnenschein (Hrsg.), Das Abenteuer Liebe. Bestandsaufnahme eines unordentlichen Gefühls. Suhrkamp, 2004

Niklas Luhmann, Liebe. Eine Übung. Suhrkamp, 2008

Stephan Moebius, Markus Schroer (Hrsg.), Diven, Hacker, Spekulanten. Sozialfiguren der Gegenwart. Edition Suhrkamp, 2010

Michael Lukas Moeller, Wie die Liebe anfängt. Die ersten drei Minuten. Rowohlt, 2002

Julia Peirano, Sandra Konrad, Der geheime Code der Liebe. Entdecken Sie Ihr Beziehungs-Ich und finden Sie den richtigen Partner. List, 2011

Richard David Precht, Liebe. Ein unordentliches Gefühl. Goldmann, 2009

Markus Prisching, Das Selbst. Die Maske. Der Bluff. Über die Inszenierung der eigenen Person. Molden, 2009

Arnold Retzer, Lob der Vernunftehe. Eine Streitschrift für mehr Realismus in der Liebe. S. Fischer, 2009

Marc Ries, Hildegard Fraueneder, Karin Mairitsch (Hrsg.), Dating.21. Liebesorganisation und Verabredungskulturen. Transcript Verlag, 2007

Malte Welding, Frauen und Männer passen nicht zusammen – auch nicht in der Mitte. Warum die Liebe trotzdem glücklich macht. Piper, 2011

Klaus Werle, Die Perfektionierer. Warum der Optimierungswahn uns schadet – und wer wirklich davon profitiert. Campus Verlag, 2010

Artikel, »Freud-los glücklich«, erschienen in NEON 6 / 2011

Artikel, »Modern Stalking«, erschienen in NEON 5 / 2011

Artikel, »Ich lösche mein Postfach für dich«, erschienen in SPIEGEL, 8.11.2010

Artikel, »Wo bist du – Ich finde dich«, erschienen in NZZ Folio, 12 / 2011

Artikel, »Sex & Hopp«, erschienen in Stern, 19.1. 2012

Artikel, »Das schönste Gefühl der Welt«, erschienen in NEON, 8 / 2011

Artikel, »Die Bunte Welt der Paare und Familien«, erschienen in Welt am Sonntag, 15.5.2011

Artikel, »Der protzigste Tag ihres Lebens«, erschienen in NEON, 5 / 2011

Artikel, »Looking for someone«, erschienen in The New Yorker, 4.7. 2011

Sendung, »Liebe nach Maß«, Deutschlandradio, 1. 5. 2009

Danksagung

Zum Schluss möchte ich mich noch bedanken – und zwar bei:

Meinen Interviewpartnern: den Experten für ihre Auskunftsfreude, Zeit und Geduld, und bei meinen Protagonisten, dafür, dass sie mich in ihr Herz haben blicken lassen.

Meinen Eltern für ihre Unterstützung, ihre offenen Ohren und Carepakete.

Meiner Lektorin Doreen Fröhlich für die tolle Betreuung und Zusammenarbeit.

Meiner Agentin Katrin Kroll dafür, dass sie sich so für dieses Buch eingesetzt hat und an dessen Entstehung so leidenschaftlich teilgenommen hat.

Meinen Kollegen, vor allem Jakob, Marc und Christoph, die einige Kapitel als Erste gelesen haben, dafür, dass ich sie immer um Rat fragen kann. Anne Lemhöfer für ihre Hilfe, vor allem bei der Protagonistensuche.

Meinen Freundinnen, besonders den Münchnern Ann-Kathrin, Ruth, Anna, den beiden Verenas, Julia, Anne, Nina, Heike, Lara und Sophie, dafür, dass sie sich immer nach dem Stand des Buches erkundigt haben, obwohl es sie bestimmt irgendwann nicht mehr so wahnsinnig interessiert hat. Eure Freundschaft macht mich zu einem glücklichen Menschen.

All diese Personen in den Warenkorb legen und zur Kasse gehen. Jetzt.